ハッタリの作法

自分を最高値で売る

「見せ方」と「辻褄合わせ」の技術

大原 昌人
Ohara Masato

ぱる出版

あなたはなぜ、
本書を手に取りましたか？

もし、あなたが
ラクして評価されたいのであれば、
本書は読まないでください。

ハッタリができる人と
できない人とでは、
できる人が評価される。
これは疑いようのない事実です。

でも、ハッタリをかました後は
真摯に〝辻褄合わせ〟をすることで、
「ハッタリ」を「現実」に
していく必要があります。

つまり、
ハッタリでチャンスをつかんだ後は
全力で頑張り、
信頼と実績を積み重ねていく——
その覚悟が必要なのです。

それこそが「ハッタリの作法」です。

ハッタリの作法　目次

序章

評価されている人の違いは「ハッタリ力」にあった

第1章

「ハッタリ力」とは見せ方と辻褄合わせの技術

第2章

仕事で評価されたいなら ハッタリを活用せよ

第3章

自分自身のプロデュースもハッタリで切り抜けろ

第4章

商品やサービスを数倍よく見せるハッタリの技術

第5章

プライベートも「ハッタリ力」でうまくいく

装丁　安賀裕子
本文デザイン・DTP　松好那名（matt's work）
企画協力　ネクストサービス株式会社（代表　松尾昭仁）
執筆協力　武政由布子
編集　岩川実加

序章

評価されている人の違いは「ハッタリ力」にあった

1 エルメスもルイ・ヴィトンも突き詰めると「ハッタリ力」

あなたは「ハッタリ」という言葉からどんなことをイメージしますか？

「ハッタリで自分を大きく見せるなんてズルい！」

「大事なのは中身。ハッタリではなく実力で勝負すべきだ！」

そんなふうに「ハッタリは悪いこと」と思っている方も多いかもしれません。

でも実は、**そんな人ほどハッタリに弱く、知らず知らずのうちに他者のハッタリに飲み込まれている、**というのはよくある話です。

たとえば「ハッタリではなく実力で勝負すべき」と思っている人でも、エルメスのバッグと無名のメーカーが作ったバッグを並べて「どちらがいいですか?」と聞かれたら、迷わずエルメスを選んでしまうのではないでしょうか。

無名のメーカー品よりも世界的な高級ブランド品を選ぶのは、品質や使いやすさといった本質を見ているからではありません。エルメスのハッタリ力によって「エルメスのバッグならいいものだろう」と刷り込まれているからです。

人生で一度もエルメスのバッグを持ったことがない人でも「エルメスは高級だ」「エルメスのバッグは品質がいい」という程度のイメージは持っています。**所有したことも、触ったことさえない人にまで「いいものに違いない」という印象を植え付ける――。ハッタリを利かせるとはそういうこと**なのです。

反対に、ハッタリ力が皆無のメーカーは、どんなに良質な素材を使い、どんなに魅力的なバッグを作ったとしても、エルメスにはかないません。実際に両者を使いくらべてみたら、中には「こちらのバッグの方がいいな」と気づいてくれる人もいるかもしれませんが、**無名のバッグはそもそも誰からも選ばれず、手に取ってもらえないので、実力を知ってもらうチャンスがない**のです。

では、エルメスはどのようにしてハッタリを利かせているのでしょうか?

エルメスのブランド力は、長きにわたる歴史や伝統、品質などさまざまな要素に支えられていますが、**もっともわかりやすいポイントは「価格」**です。

エルメスだけではなくヴィトンやシャネルなど世界的に有名な高級ブランドは、どれもこれもおしなべて高価格です。このことに対して大部分の人は「いいものだから高い」と思っているようですが、実際は逆で、**高い値段がついているから「いいものだ」と錯覚させられているにすぎない**のです。

高級ブランドの多くは値下げもしません。たとえバッグが大量に売れ残ったとしても、セールにしたりアウトレットに出したりせず、ひっそりと処分します。本音では安売りをして在庫を処分したくても、そこは「武士は食わねど高楊枝」で、ブランドを守るために歯を食いしばって廃棄する。このハッタリの姿勢が一貫しているからこそ、エルメスやヴィトンは高いブランド力を維持しているのです。

2 なぜ、マイセンは有田焼の「50倍の値段」で売れるのか

エルメスの例からもわかるように、**ハッタリ力の有無はビジネスの成功を大きく左右します。**しかし残念なことに、日本は「謙遜」を美徳とするあまり、こうしたハッタリの技術において欧米に大きく後れを取っています。それを如実に物語るのが、硬質陶器におけるブランディングです。

硬質陶器は紀元前数千年前に中国の景徳鎮市で発祥し、その後、ベトナムのバクニン省をはじめ世界各地に伝わりました。日本では1600年代初期から有田焼が作られるようになり、ヨーロッパではさらにその1世紀後の1710年にドイツのマイセンで初めて硬質陶器が製造されました。

ここに挙げた4つの地方は現在も陶器の産地として有名ですが、令和の今、もっとも高いブランド力を誇っているのはどこの陶器でしょうか？

答えはマイセンです。発祥の地である景徳鎮でも、数千年の歴史を誇るバクニンでも、マイセンより100年早く製造が始まった有田でもなく、この世界では新参者の部類に入るドイツのマイセンなのです。有田焼の食器セットは10万円程度のものが主流で、決して安物というわけではないけれど、マイセンで同じくらいのグレードのセットを買おうと思ったら、500万~800万円はします。

硬質陶器の技術はすでに成熟していて、窯元によって個性の差はあるものの、性能はそこまで大きく違わないと言われています。にもかかわらず、**なぜここまで大きな価格差が生じているかといえば、ひとえにブランディング、つまりはハッタリがうまいかどうかの違い**です。マイセンはハッタリがうまく、有田焼はそうでもない――その差がそのまま50倍の価格に反映されているのです。

これは硬質陶器に限った話ではなく、自動車、家電、ファッション、カルチャーなど、**欧米ブランドの強さの秘密は、突き詰めるとすべてハッタリ**にあります。彼らは「私たちの世界観はこうである、ゆえに私たちにはこれくらいの価値がある」と堂々アピールすることで、皆をその世界観に巻き込んでいるわけです。

対する日本人の意識はいまだに鎖国時代のままで、「自分で自分をアピールするなんてみっともない」と思っている人が少なくありません。しかし、これだけ世の中がグローバル化している現在、ハッタリを躊躇しているようでは、間違いなく海外勢に押し負けてしまうでしょう。

3 ハッタリをかますだけで、仕事もプライベートも3倍得する

ハッタリは商品やサービスをよく見せるだけではなく、自分自身をより有能に見せる「セルフプロデュース」にも必須のスキルです。

「仕事でハッタリをかましたら信用を落とすのでは」と思うかもしれませんが、そんなことはありません。なぜなら**日本人は、他人に「謙遜すべきだ」と求めながら、謙遜してばかりの人のことは軽んじるという、相反する価値観を持っている**からです。

そのため、謙遜ばかりして自己アピールが下手な人は、結局のところ評価されず、ハッタリがうまい人ほど出世していきます。実際、あなたの周りを見渡しても、出世が早い人はみんな、それなりのハッタリ力を持っているのではないでしょうか。

何を隠そう、**私自身もハッタリでキャリアを築いてきた1人**です。

私は新卒で楽天に入社し、『楽天市場』のビジュアルを統括するＷｅｂプロデューサーとして数々のヒット企画に参加しました。２０１７年には国内最大級の流通額を誇る「楽天スーパーＳＡＬＥ」の総合プロデューサーに最年少（当時）で就任するなど、約３５０名の同期の中でも出世頭だったと自負しています。

でも、それは**私が優秀だったからではありません。ただただハッタリをかますのがうまかったから**なのです。

たとえば私は上司から「こういう仕事があるけど、できる？」などと聞かれたら、絶対に「できます！」とか「余裕っすよ！」と即答していました。できるという確証がなかったとしても、ハッタリで即「できます！」と断言し、後から必死で辻褄を合わせる。それだけで上司は「コイツはちょっと違うな」と思ってくれました。

私以外の同期はどうしていたかというと「ちょっとスケジュールを確認します」などと即答を避け、少し考えてから「やってみます」「できそうです」と答える人がほとんどでした。煮え切らない返事になってしまうのは、できないかもしれないことを「できる」と言い切ってしまうのはマズイと思ってのことでしょう。

しかし、考えてもみてください。直属の上司が「頑張ってもできない仕事」を振ってくる可能性は低いですし、どんな仕事でも結局最後は頑張らざるを得ないのです。つまり「できます！」と即答しようが、上司を少し待たせたうえで「できそうです」とあいまいに答えようが、やることはたいして変わらないのです。

ならば、ハッタリでもいいから「できます！」と即答した方が、いいに決まっているではありませんか！

上司からすれば、自信なさげに「できそうです」と答える部下よりは、絶対にノーと言わず、いつも「できます！」と即答する部下の方を信頼し、評価するのは当然のことです。私はこのハッタリ技術のおかげで、まだ何も実績らしい実績がないうちから「コイツは違う」と錯覚してもらうことに成功し、早くから大きな仕事をまかされるようになったのです。

20代後半で**独立・起業してからも、ハッタリは私の最大の武器であり続けました。**

同時期に独立したフリーランス仲間の多くはクライアントに対してひたすら低姿勢で、「至らないことも多いかと思いますが、よろしくお願いいたします」というスタンスで契約を結んでいましたが、私は独立ゼロ日目から強気の営業を心がけていました。仕事がなくてお金に困っていたとしても、単価が安い仕事はすべて断り、「私は楽天でこれだけの仕事をやっていたので、大手企業か、それと同じくらい予算がある会社しか相手にしませんよ」という対応に徹していました。

その結果、どうなったか?

謙虚にふるまっていた知人は、クライアントから「ずいぶん自信がなさそうだけど、クオリティは大丈夫だろうか?」と疑われ、おまけに「こんなに下手に出るなら少しくらい無茶な要求をしても大丈夫だろう」とみなされて、低予算でこき使われるようになりました。かたや**偉そうにハッタリをかましていた私のもとには、高単価で割のいい、良質な案件ばかりが舞い込むようになった**のです。

仕事だけではなくプライベートでも、謙虚一辺倒よりはハッタリができる人の方が、確実に得をします。自分がさも大物であるかのようにふるまえる人は、飲食店でもホテルでも大切にもてなされますが、ペコペコしすぎる人は、どこへ行っても軽んじられて粗末な扱いを受けることになります。

人づきあいも同じです。親しい友人グループの間でも、みんなから一目置かれている人と、「コイツはぞんざいに扱っても大丈夫」とみなされている人がいるでしょう。その違いは何かといえば、ハッタリを言えるかどうかです。日ごろから言いにくいことをちゃんと言い、自分の哲学や価値観をしっかりと発信していると、友人間でも「この人のことは適当にあしらってはいけないな」という空気が醸成されていくのです。

だから私はことあるごとにＦａｃｅｂｏｏｋやＸ（旧Ｔｗｉｔｔｅｒ）で、人が言いにくそうな時事ネタや思想を発信するように心がけています。日本ではよく「政治と宗教と野球の話をするな」なんて言われたりしますが、むしろそういう**当たり障りのある話題についてスタンスを明らかにすることで「格」が培われていく**のです。

たとえば私はたまにＦａｃｅｂｏｏｋで「信頼されたければ金払いを早くしろ」とつぶやいたりします。日本人はカネの話題は下品だとしてタブー視する傾向にありますが、だからこそあえて公の場で言っておく。これだけで、たとえば私が宴会の幹事をやるとき、みんなお金をすぐにきっちり払ってくれたりするのです。

4 世の中に何倍も優秀な人は存在しない。そう「思われている」だけ

私の古巣である楽天は、東洋経済オンラインの「入社が難しい有名企業ランキング」で花王やアサヒビールなどを抜いて第85位、エンジニア就活の「就職偏差値ランキング」では偏差値69と、星の数ほどある日本企業の中でも、特に入社が難しい企業と言われています。その狭き門を突破してきただけに、一緒に働いていた仲間はみんな、平均以上の能力の持ち主だったと思います。

でも、彼らがずば抜けて優秀だったかというと、そんなことはありません。英語ができたり、プレゼンが上手だったりと、みんな何かしら優秀な部分は持っていたけれど、人の何倍も仕事ができる人はいませんでした。

社長の三木谷さんだってそうです。社員の中には、三木谷さんをとてつもなく優秀な、自分が100年頑張っても届かない神様のような人だと崇めている人もいたようですが、私から見れば能力的にはふつうの人――せいぜいほかの人より1・2倍とか1・3倍くらい優秀なだけ――で、言っては悪いけれど「私でもできそうだな」と思っていました。

三木谷さんに限らず、私がこれまで出会ったあらゆる経営者や有名人で、人の何倍も優秀な人は1人もいませんでした。平均値にくらべたら能力は多少高いかもしれませんが、あくまでも「ふつうの人」の範疇であって、常人の2倍、3倍の能力を有しているわけではないのです。

にもかかわらず、三木谷さんなどビジネスで成功している人の多くは「人の何倍も優秀な人」だと思われています。彼らに特別な才能があるとすればまさにこの部分で、**とてつもなく優秀なわけではないけれど、ハッタリをかますことで「常人の何倍も優秀な人だ」と錯覚させている**わけです。

「そんなはずはない。三木谷さんにしても世の社長たちにしても、見せかけだけではなく実績も残しているではないか」と思われるでしょうが、それもまたハッタリあっての実績です。なぜなら**大きな実績を上げるためには、大きなチャンスが与えられなければならない**からです。

同じくらいの能力の社員が複数いたとして、その中の誰に大きな仕事をまかせるかとなったとき、謙遜ばかりでアピール力に欠ける人よりは、自信満々に「できます！」とハッタリをかませる人にお鉢が回ってくる可能性は極めて高い。**ハッタリがチャンスを呼び込み、実績の足掛かりになる**のです。

私自身もそうでした。楽天では同期が３５０人ほどいて、その中には東大卒、京大卒の秀才もたくさんいました。ふつうの人の何倍も優秀とまではいかなくても、私より企画力がある人、私よりセンスがいい人、私より英語ができる人、私よりコミュニケーション力が高い人はたくさんいました。

でも、その350人の中で一番高く評価されたのは私でした。新卒社員のボーナスは、はじめのうちは全員同額で、入社2年目あたりから評価に応じた額になるのですが、その最初の差がつくボーナスのときに同期で最高額をもらったのが私だったのです。

私とほかの同期、何で差がついたかといえば、これはもう間違いなくハッタリのおかげです。みんな同じように仕事をして、同じくらいの成果を出す中、**私だけが突出した評価をもらえたのは「見せ方」が抜群にうまかったから**です。上司からの打診に「できます！」と即答したり、数字の切り出し方（詳細は第2章）に工夫を凝らしたりすることで、「コイツはほかの新人と違う」と思わせることに成功したのです。

楽天だけではなく、どんな会社でも同じ結果になったと思います。

ためしに、あなたの会社で「上」にいる人たちのことをイメージしてください。彼らがほかの社員の何倍も能力が高いかといえば、そんなことはないはずです。**上にいる人たちは2倍優秀なのではなく、2倍優秀に見せることでチャンスをつかみ、実績を上げて、今の地位を手に入れている**のです。

5 平凡な商品でも「錯覚」の力を利用するだけで爆発的に売れる

人や商品をよりよく見せるハッタリの技術は、あらゆる業界で応用が利きます。**中でも相性がいいのがEC（ネット通販）の世界**で、ヒット商品はすべてハッタリから生まれていると言ってもいいくらいです。

というのも、ＥＣでは商品の実物を手に取って確かめることができないので、消費者はイメージだけで買うかどうかを判断します。実際に効果があるものではなく「効果がありそうなもの」を、実際に食べておいしいものではなく「おいしそうなもの」を、買うわけです。そのため売り手側は、**ハッタリの技術を駆使して自社の商品やサービスを「いいものだ」と思わせる必要があります。**

楽天市場でも、ハッタリが利いた商品ほどよく売れました。デザインや品質がよい商品よりも、「この商品は何だかよさそうだ」とか「たくさんの人がこの商品を欲しがっている」などと錯覚させられる商品の方がはるかに強いのです。

ＥＣで使えるハッタリの技術は多々ありますが、**中でも効果が高いのが「〇〇監修」というハッタリ**です。

たとえば健康食品や健康器具の中には、商品ページで大々的に「医師監修」を謳っているものがあります。何々クリニックの院長が実名と顔写真入りで登場し、「医学情報をもとに開発した商品です」などとそれらしいことを語る。すると消費者は「お医者さんが太鼓判を押しているのだから、いいものに違いない」と錯覚し、「同じような商品はたくさんあるけれど、医師監修のコレを買っておけば間違いないだろう」と判断して購入に至るというわけです。

けれども実情を明かせば、監修といっても医師が開発を全面的にサポートしているわけではなく、ほとんどの場合はメーカーが〝監修あっせん業者〟に少しばかりの手数料を払って医師の名前と顔写真を借りているにすぎません。もちろん医師だってあまりにもひどい商品に名前を貸すのは嫌でしょうから、多少のチェックは行うかもしれませんが、消費者が思うほど深く商品開発に関わっているわけではないのです。

ＥＣサイト以外では、クレジットカードの比較まとめサイトのようなところでも同じ手法がよく使われています。ページの下の方に「弁護士の誰それ監修」とあるだけで、ユーザーは「弁護士が監修しているなら信頼できる」と錯覚するわけですが、これも医師監修と同様、弁護士はただ名前を貸しているだけで、内容にはノータッチというケースがほとんどです。この手のサイトは「弁護士監修」というワードを入れておくと、それだけでＳＥＯやコンバージョンが少し向上するので、そうした狙いもあって監修をつけていると考えられます。

このように、実情を知ってしまえばほとんど意味をなさない「〇〇監修」ですが、たいていの人はそんなことは知らず「〇〇監修なら間違いない」と錯覚してくれるので、ハッタリとして大きな効果を発揮するのです。

6 日本では、一握りのハッタリ屋がオイシイところを総取りする

ハッタリの利かせ方にはいろいろな方法があります。「○○監修」のように他者の権威を借りる方法もあれば、「できます！」と即答して周囲と差をつける方法もあるし、高い値段をつけることで「いいものに違いない」と錯覚させる方法もあります。

本書では、そうしたテクニックをどんどん紹介していく予定ですが、その前にまず**「ハッタリとは何か」を確認しておきたい**と思います。

辞書を引けば「相手を威圧するために、大げさな言動をしたり強気な態度をとったりすること」といった説明がありますが、私が言うハッタリは、相手を威圧するために行うわけではありません。また、世間一般のイメージにあるように、嘘や誇張で相手をだますことでもありません。前項の「○○監修」だって、消費者をだまして粗悪品を買わせようと

いうのではなく、あくまでも商品のよさを消費者にわかりやすく伝える手段として採用しているわけです。

私が思うハッタリは、人や商品のよい部分を効果的にアピールすることで、相手に「この人（商品）はよさそうだ」という印象を植え付けるための手段です。

なぜそんなことをする必要があるかといえば、人間にしても商品にしても、能力や性能だけでは大して差別化を図れないからです。もちろん最上級と最底辺をくらべたら雲泥の差があるでしょうが、勝負や比較の対象となるのは常に「同じくらいのレベルの人や商品」です。そんな横並びの状態から頭一つ抜きん出て評価されるためには、上司やクライアントから「コイツは違うな」と思ってもらったり、消費者から「この商品はすごそうだ」と思ってもらったりと、何らかのきっかけが必要になります。

そのきっかけをつかむ手段がハッタリです。「○○監修」と謳うのも、上司に「できます！」と即答するのも、商品の値段を相場より高く設定するのも、すべて相手にインパクトを与えてよい印象を植え付けるために行っているのです。

もちろん、いくら最初の印象がよくても中身がスカスカではすぐに化けの皮がはがれてしまうので、**自分が口に出したハッタリに対しては真摯に〝辻褄合わせ〟をしていく必要があります。**ハッタリでチャンスをつかんだら全力で頑張り、それによって信頼と実績を積み重ねていくのです。

私自身、ハッタリの効力に気づいてからは意識的にハッタリを使うようにしていますが、生まれつきの性格で、昔から無意識のうちに実践していたハッタリもあります。それは「自分の意見をはっきりと主張し、周囲に一目置かせる」ということです。

これは欧米から見ればハッタリでも何でもなく、誰もが当たり前に実践しているコミュニケーションの基本かもしれません。しかし日本では、本音では違うことを思っているのに、口に出して言えない人がたくさんいる。だからこそ**「自分の意見をはっきりと主張する」という当たり前のことがハッタリとして成立する**のです。

言いたいことがあるのに、周囲の空気に押されて口に出せない――。

本当は「黒」だと思っているのに、世間に遠慮して「白」と言ってしまう――。

そんな日本にありがちな文化が、私は好きではありません。言うべきことを言わないせいでビジネスの流れが悪くなったり、組織が少しずつおかしくなっていったりする例もたくさん見てきました。1人1人は優秀なのに集団になるとダメになるというのは日本の組織にありがちな現象ですが、これも元凶は言うべきことを言わない、本音を隠す文化にあると思っています。

そのことは私だけではなく、多くの日本人が心の底で感じているはずです。テレビでマツコ・デラックスさんや有吉弘行さんがもてはやされているのがその証拠で、誰も何も言わない文化だからこそ、皆があえて口にしないでいることをズバっと言ってくれる人には喝采を送りたくなる。もちろん彼らはテレビのキャラとしてやっている部分もあるのでしょうが、そういうキャラが重宝されるということは、**日本人はなんだかんだ言ってハッタリをかます人が好き**なのだと思います。

「自分でハッタリをかますことはないけれど、他人のハッタリには弱く、ハッタリ屋に惹かれてしまう」。そんな日本人の習性をビジネスに生かさない手はありません。

魅力的なハッタリ屋になるための第一歩は、言いたいことや言うべきことをきっちりと言うことです。まれに眉を顰める人もいるかもしれませんが、そういう反応は本当にごく一部で、たいていの人はハッタリを肯定的に受け止め、あなたを「できる人」とみなしてくれるでしょう。

7 ハッタリの反対語は「正直」「謙虚」ではなく「保身」「自虐」

ハッタリができる人とできない人とでは、できる人が評価される。

ハッタリの利いた商品とそうでない商品とでは、ハッタリの利いた商品が売れる。

こうした疑いようのない事実を突きつけられてもなお「自分には無理だ」と言ってハッタリを実践しない人がいます。

ハッタリの有用性を認めているのに自分ではやろうとしない理由は何かといえば、1つには相手への礼儀や配慮が考えられます。たしかに相手との関係性によってはハッタリを控えた方がいい場面はあり、私だって時と場合によってはハッタリを封印して謙虚にふるまうこともあります。

ただ私が見る限り、ハッタリを実践しない人の多くは、相手を尊重するためにハッタリを控えているのではなく、単に「自分が変な目で見られたくない」「目立ちたくない」という理由で口をつぐんでいるにすぎません。それは**謙虚というよりも保身**であって、別に褒められるようなことではありません。

もう1つの理由として、コミュニケーションの基本が「自虐」になっている人もいます。日ごろから自虐的なジョークやコメントによって他者との関係構築を図っている人は、ビジネスの場でもつい自虐癖が出てしまい、ハッタリをかます流れが作れないのです。

しかし**ビジネスでもプライベートでも、自虐キャラを演じて得をすることはほとんどありません。**

一例を挙げると、私の知り合いのベテランカメラマンのもとに、あるとき〝おいしい仕事〟が舞い込みました。新規のクライアントから撮影の依頼があり、しかもその撮影料というのが、普段その人がもらっているギャラの約2倍の額だったのです。彼は喜んでその依頼を引き受け、張り切って撮影にのぞみました。

問題は、そのときの彼の言動です。本当であれば精一杯のハッタリを利かせて、自分がいかに有能であるかをアピールすべきところ、彼はあろうことか「僕みたいなカメラマンにこんな高額なギャラを払ってもらってすみません、ありがとうございます」と言ってしまったのです。

それを聞いたクライアントは「そう言われちゃうと僕ら不安になりますね」と苦笑いし、当然のことながら、2回目以降の発注はありませんでした。

カメラマンの彼は「僕みたいなカメラマンに……」とへりくだることで「謙虚で感じのいいカメラマン」を演出しようとしたのでしょう。けれどもクライアントは腰の低いカメラマンを求めているわけではなく、予算内で一番腕の立つカメラマンに撮ってほしいと思って発注しているのです。その期待に応えるためにも、彼は「この業界では僕がトップですよ」というくらいの態度で撮影にのぞみ、クライアントを安心させてあげるべきでした。

この例からもわかるように、ハッタリは決して悪いことではなく、**ハッタリをかました方が相手のためになる場面も多々あります。** もしもカメラマンが変な自虐に走らず、自信に満ちたそぶりで対応していたとしたら、クライアントは大船に乗った気持ちで安心して見ていられたでしょうし、本人も気前のいいクライアントから信頼を獲得してＷｉｎ－Ｗｉｎの関係ができていたはずです。

8 9割の人が知らずに損している「運がイイ人」のトリック

ハッタリはビジネス上のチャンスを呼び込むだけでなく、目に見えない運気まで引き寄せます。

調子が悪いとき、多くの人はその不調をそのまま受け止めて「最近調子が悪いな」「運が落ちているな」などと言ってしまいがちですが、大きく成功している人は、そういうネガティブな言葉を一切口に出しません。たとえ手痛い失敗や不運があったとしても、そのできごとを前向きにとらえなおし、ポジティブな言葉に変換して口にします。

たとえば年末に事業でよくないことが起きたとして、ふつうの人なら「うわっ、年末にこれかよ。悪い締めくくりになっちゃったな」と嘆くところ、成功者は「年末に運の調整ができたから、来年は期待できそうだ」というように、**マイナスの要素もプラスに解釈して発言する**のです。

これには2つの効果が期待できます。

まず1つは対外的な効果で、愚痴ばかり言っている人よりは、調子が悪くても笑顔を忘れない人と一緒にいたいと思うのが人情ですから、**ポジティブにハッタリをかませる人はそれだけで人脈とチャンスが広がります。**

もう1つの効果は自己暗示です。自分の口から出る言葉を一番近くで聞いているのは自分なので、「調子が悪い」と言い続けていたらどんどん気分が落ち込みます。反対に、**たとえハッタリでも「いいぞ、いいぞ~」と口にしていれば、それが自分への言い聞かせとなって気持ちも上向いていきます。**言葉に力が宿る「言霊」の正体は、こういうことなのだと思います。

序章の最後に、ハッタリで発した言葉が現実になっていく例を1つご紹介します。

日本では少し前からポーカーブームが来ていて、ハマる経営者が続出しています。自分の持っているチップをどう使うか、どこで勝負をかけ、どこでアクセルを踏みこむかなど、ポーカーには経営の縮図のような一面があるからでしょう。

ポーカーの大会は世界中で開催されていますが、国内の大会は賞金が低いので、プレーヤーの多くは海外で覇を競います。そんな中、最近めきめきと頭角を現してきたポーカープレーヤーに清水望さんという方がいます。彼は20代でIT企業を創業し、イグジットを果たした経歴を持つバリバリの経営者です。ポーカープレーヤーとしての経験は浅いものの、昨年は日本人トップとなる約2億円の賞金を得て「日本プレーヤーオブザイヤー2023」にも選ばれました。

彼がすごいのは、ポーカーの技よりも言葉のパフォーマンスで、プレー中には常に「引ける！　波動！」などと叫んで自分を奮い立たせ、本当に目当てのカードを高確率で引き当ててしまうのです。強いポーカープレーヤーには多かれ少なかれこうした一面があり、たとえ負けるはずがないような局面で負けてしまったとしても、決して泣き言は言わず、ポジティブな言動をつらぬきます。

ポーカーは運のゲームだと思われがちですが、強運のポーカープレーヤーは運を天にまかせるのではなく、**ポジティブなハッタリをかますことで、みずから運を引きこんでいる**のです。

ビジネスの成功も、プライベートの充実も、ギャンブルで勝つための運さえも、ハッタリをかますだけで手に入るのだから、やらない手はないでしょう。

ハッタリは、ちょっとしたコツさえ知っていれば誰でも実践でき、すぐに効果を実感できる、最高にコスパのいいビジネス戦略であり処世術です。本書では、公私を問わずさまざまな場面でハッタリを効果的に使う方法を余すことなくご紹介していきます。

第 1 章

「ハッタリ力」とは見せ方と辻褄合わせの技術

1 ハッタリの極意は印象操作。相手の「期待値」をコントロールせよ

同じくらいの実績を上げても、上司やクライアントから「よくやった」と評価される人と、「そんなものか」で済まされてしまう人がいます。**この違いはどこから生じているかといえば、ハッタリ力があるかないか**です。

ハッタリ力がある人は、上司やクライアントの「期待値」を先回りしてコントロールすることで、「期待どおりだ」あるいは「期待以上にやってくれた！」と思われます。ところが、ハッタリのスキルがない人は「期待値」の設定を相手まかせにしているので、同じくらいの成果を上げたとしても「それくらいはできて当然」とか「もっとやってくれると思ったのに」という評価になってしまうのです。

どういうことなのか、ダイエットを例に説明します。

体重100キロの人がダイエットを決意したとします。このときハッタリがうまい人は「絶対に1カ月で5キロ痩せます！」と宣言してからダイエットを始め、実際にそのとおり痩せてみせます。すると周囲は「すごい、本当に1カ月で5キロ痩せた！」と感心し、「この人は有言実行ができる、信頼できる人だ」と評価します。これは、あらかじめ「1カ月で5キロ痩せたら成功」というように、周囲の期待値をコントロールしておいたおかげです。

これがハッタリ下手な人だとどうなるか――。まず、何も言わずに黙々とダイエットに励む「不言実行」タイプの人は、同じように1カ月で5キロの減量に成功したとしても、何の称賛も得られません。体重100キロの人が95キロになっても他人にはほとんどわからないから、実績としてカウントされないのです。

かといって大きすぎる目標をぶち上げるのもNGです。「1カ月で30キロ落とします！」

と宣言し、実際25キロ減量できたとして、周囲の反応はどうでしょう。1カ月で25キロ減らすというのはかなりの偉業ですが、大半の人は「30キロ減らすと言っていたのに25キロしか減っていないじゃないか」と、減らなかった5キロの方に注目します。1カ月で5キロ痩せるより25キロ減らす方がはるかにすごいのに、「5キロ痩せる」と宣言して実行した人の方が、評価としては高くなってしまうのです。

2 現実的な目標を「偉業」であるかのように錯覚させるハッタリ術

ビジネスの場面でも、期待値のコントロールができていれば相手にいい印象を残すことができますが、そこのハッタリができない人は損をしてしまいます。

たとえば私は、企業ＹｏｕＴｕｂｅチャンネルのプロデュースをするとき「目標は半年でチャンネル登録者１０００人です。ここまでいけたら全ＹｏｕＴｕｂｅチャンネルの上位１％だからスゴイですよ！」ということを必ず最初に伝えるようにしています。

なぜなら一般の人がＹｏｕＴｕｂｅ登録者数と聞いて思い浮かべるのは「ヒカキン１７００万人」「はじめしゃちょー１１００万人」というレベルの世界なので、半年やって１０００人だと「全然成長していないじゃないか。コンサルを頼んでいる意味があるのか」と思われてしまうからです。

そんなクレームが発生しないよう「登録者数は半年で1000人いったら大成功」というようにクライアントの期待値を低めに設定したうえで、半年後1500~2000人にもっていけるようにプロデュースする。そして「1500人達成ということは、上位1%を500人も超えて、上位1%の中でもトップクラスじゃないですか!」とお伝えすると、「大原さんにプロデュースをお願いしてよかった」と喜んでいただけるわけです。

同業者でも、こうしたハッタリの技術がない人はかなり苦戦しています。知り合いに何人かYouTubeコンサルを始めた人がいるのですが、どこで最初につまずくかというと、やはり「半年で1000人」の壁なのです。

そもそもYouTubeのアルゴリズムでは、立ち上げたばかりの新参チャンネルは優遇されず、バズりにくいようになっています。なので、どんなに有望なチャンネルでも、最初の半年から1年くらいはコツコツと下積み投稿をする必要があります。私のYouT ubeチャンネルも、今でこそ登録者数が12万人を超えていますが、最初はどうだったかというと、半年で1000人、1年でようやく1500人という感じでした。

コンサルティングを行うのであれば、そうした実情を最初にしっかりと伝え、クライアントがYouTubeに対して抱いている印象を上書きしておかないと、「あなたに頼んでいるのに全然伸びないじゃないか！」と思われてしまいます。実際、私の知人もそれでクレームになり、700万円の大型契約を途中で解約されてしまったということです。

こうした事態を回避するためには、**実現可能な小さな目標を提示しつつ、「これは決してちっぽけな目標ではなく、達成できたらすごいことなのだ」と相手に思わせることが肝要**になります。目標を明言せずに不言実行でやろうとするのも、反対に「半年で登録者数10万人を目指しましょう！」などと大きすぎるハッタリをかますのも、どちらも得策ではありません。

ハッタリというと、大きなことを言って相手を圧倒するイメージが強いかもしれませんが、それだけがハッタリではありません。大きなハッタリは、あくまでも目標や方向性を語って強い印象を残すためのパフォーマンスです。**実際のビジネスの場では、小さなハッタリ（現実的な目標）を、さもすごい目標であるかのように錯覚させながらコツコツ達成していって、「この人はハッタリを現実にする力がある」と思わせていくことの方が重要**なのです。

この「大・小」の使い分けが巧みなのがキングコングの西野さんで、彼は「ディズニーを倒す！」という大きなハッタリを掲げて周囲を魅了しつつ、小さなハッタリ（創作活動）を積み重ねることで着実に目標に近づいています。あるいは漫画『ONE PIECE』の主人公ルフィは「海賊王になる」という大ハッタリをかましつつ、小さなハッタリ（バトルでの勝利）を積み重ね、周囲の信頼や畏敬を勝ち取っています。

ビジネスにハッタリを持ち込む際には、こうしたハッタリの「大・小」の使い分けも意識してみてください。

3 『裸の王様』の仕立て屋は超一流のマーケター

あなたはアンデルセンの童話『裸の王様』をごぞんじでしょうか？

おしゃれで見栄っ張りな王様のもとに2人組の仕立て屋がやってきて、「私たちは〝愚か者には見えない布〟で世にも珍しい服を作れる」と言う。王様は喜んで服を作ってもらい、それを着たつもりでパレードにのぞむ。実は仕立て屋の正体は詐欺師で、布も服も最初から存在しないのだが、王様も家来も民衆も自分が愚か者だと思われたくないために、誰一人「見えない」とは言い出せない。そんな中、子供が「王様は裸だ！」と叫び、人々に真実を突きつける——というのがあらすじです。

この話は、周囲に流されず自分の意見を言うことの大切さや、周囲にイエスマンばかりはべらせることの危うさなど、いくつもの教訓を含んだ寓話として知られていますが、私は、王様たちの愚かさよりもむしろ、仕立て屋の有能さに感服しながら読みました。

仕立て屋は持ち前のハッタリ力で「愚か者には見えない服」の存在を全国民に信じさせ、王様は明らかに裸だというのに、みんなに「王様は見事な服を着ている」と言わせます。いわば**ハッタリで世界を動かした**わけです。

おそらく仕立て屋は、国のトップである王様に「愚か者には見えない服」をプレゼンし、無事に受注を獲得したのちは、「見えない服」というハッタリを現実にするために、四方八方に根回しをしたと思われます。まずは有力な貴族などの上層部を押さえ、最後は大衆にまで「王様は今度のパレードで〝愚か者には見えない服〟を着る」ということを周知させることで、ある種のブームを生み出したのです。

こうして皆が「愚か者には見えない服」を信じるようになると、その瞬間に社会の常識が変わります。仕立て屋が現代に生きていたら、きっとおそろしく有能なマーケターとして活躍したことでしょう。

「そんなバカバカしいことは現実には起こらない」と思う方もいるでしょうが、実はごく最近、日本で同じような事態が発生しました。コロナ禍でのマスク騒動です。

2020年のはじめに新型コロナウイルス感染症が流行し始めてから2023年5月に「五類感染症」になるまでの約3年間、日本人のほとんどはマスクを着用し、飲食店にはパーテーションが設置され、コンビニや小売店のレジにはビニールカーテンが吊り下げられていました。

一方その頃、海外はどうだったかというと、私はコロナ禍の間も何度か海外に行きましたが、国中誰もが100％マスクをしていたのは日本だけでした。欧米、特にフランスでは誰もマスクをしておらず、むしろマスクなんてしていたら奇異な目で見られるような雰囲気でしたし、アメリカの飲食店でアクリル板を置いているお店は1軒もありませんでした。『裸の王様』の大衆が「愚か者には見えない服」を信じたように、現代の日本人もまた「マスクやアクリル板の効能」を信じすぎていたのではないでしょうか。

もともと日本人は謙虚を好み、ハッタリ屋に対しては「大げさだ」「謙遜が足りない」と眉をひそめる国民性です。幼少期からそういう空気感の中で育った日本人の多くはハッタリに耐性がないため、みえすいたハッタリでも容易に信じてしまいます。コロナ禍におけるマスク信仰は、その最たる例ではないかと思います。

しかし、ハッタリに弱い国民が多いということは、ハッタリ屋にとっては悪い話ではありません。そういう国に生きているのであれば、**ハッタリに飲み込まれる側ではなく、ハッタリでみんなを飲み込む側になればいい。**『裸の王様』の仕立て屋のように、ハッタリ力を駆使して「王様は裸だ」と言いにくい空気を作り、自分が思い描くルールを広めていくのです。

4

1本数百万円の値を付けるボルドーワインのハッタリ力

ではここで、ハッタリがビジネスの常識を変えた実例を見ていきましょう。

私は1年くらい前からワインにハマり、よく飲むようになりました。普段楽しむのは1本数千円のものが中心ですが、記念日などにはちょっと奮発して、1本数十万円クラスのボルドーワインを開けることもあります。

その味はというと、もちろんおいしいです。でも、そこらのスーパーで売っている1000円や2000円のワインにくらべて味が100倍、1000倍すばらしいかといえばそんなことは全然なくて、ほんの少しバランスが取れていて、ふくよかな味わいがあるな、というくらいのものです。たったそれだけの違いで値段が100倍にも1000倍にもなるのがワインの世界なのです。

私は本書の冒頭でエルメスを例に挙げ「いいものだから高いのではなく、高いからいいものだと錯覚しているだけだ」と述べましたが、ワインについても同じことがいえます。味などのスペックが100倍優れているから100倍の値段がついているのではなく、**ハッタリで高い値段をつけて「この値段ならおいしいはずだ」と錯覚させているにすぎない**のです。

しかもボルドーワインは、エルメスよりもはるかに短い期間で超高級ブランドとしての地位を確立しました。ボルドーワインの中でも特に希少価値が高いと言われるシャトー・ペトリュスは、1980年代は1本1万円くらいが相場だったのに、今では数百万円以上で取引されることもあります。

わずか40年で値段が数百倍に跳ね上がった理由は、今世紀に入って中国の富裕層がボルドーワインを買い占めるようになり、投資家から資産クラスとして認識されるようになったから——というのが定説ですが、**一番の理由はハッタリ**でしょう。中国市場での需要が急増したことを受けて、ここぞとばかりにワイナリーがバカ高いハッタリ価格をつけたのです。

これがもし日本だったらどうでしょう。有田焼でも伊勢の赤福でも、昔から職人さんが作り続けてきた工芸品や銘菓が海外で人気になったからといって、いきなり10倍、20倍、100倍に値段を吊り上げることができるかというと、何となく罪悪感を覚えて「そこまではできない」と考えるのではないでしょうか。

しかしフランスのワイナリーは違いました。中国での需要増をチャンスと見るや、今こそハッタリをかますときだとばかりに、年によっては一気に10倍以上ドドンと値上げした。それが積み重なった結果、今では1本100万円、ヴィンテージなら1000万円で取引されるワインが誕生したのです。

このように需要に応じて大胆に値段を上げていく思い切りのよさを、多くの日本企業は持ち合わせていませんでしたが、最近になってようやく「ハッタリで値段をつけてもいいんだ」ということに気づく企業が出てきました。その好例が豊洲市場の飲食店で、海鮮丼1杯5000円というインバウンド価格は、SNSやテレビのニュースでも大きな話題となりました。街中の飲食店にくらべれば数倍の値付けなので、日本人からは「あこぎだ」といった否定的なコメントも見られましたが、外国人観光客はまったく意に介していないようで、当たり前のこととして5000円の海鮮丼を受け入れています。

長くデフレが続いた日本では値上げに慎重な企業が多いけれど、需要があるところではハッタリを利かせて高値をつける勇気も持たねばなりません。たとえ一部の客が離れたとしても、**「高くても買いたい」という優良顧客によってブランド力が高まっていくので、結果として企業体質は強くなっていく**のです。

5 世界の高級ブランドに学ぶ「ワンランク上」に見せるためのハッタリ

私はある富裕層向けの新事業（詳細は第4章）の立ち上げのために、この2～3年ほど世界のラグジュアリーブランドの戦略を学び、各地の工場なども見て回っていました。その中で特に勉強になったのが、シャネルやルイ・ヴィトンがおこなっている**「ワンランク上に見せるためのハッタリ」**です。

シャネルやルイ・ヴィトンは、スーパーモデルやハリウッド女優といった、世界トップクラスの富裕層がこぞって欲しがるブランドであるかのように見せかけていますが、実際には、これらのブランドを一番よく購入しているのは、年収1500万円程度の準富裕層――いわゆるHENRYs（ヘンリーズ）と呼ばれる、高所得者だがまだリッチではない人々（high earners not rich yet）です。本当の富裕層は、案外ユニクロのようなラフな服装を好んで着たり、ブランド品を買うにしても、一目でシャネルやヴィトンだとわかるようなベタなアイテムは選ばない傾向にあります。

つまり、シャネルやヴィトンのメインターゲットは「シャネルすごいな」「ヴィトンいいな」とあこがれている準富裕層であり、それに引っ張られる形で中流階級もシャネルやヴィトンを買っている。だから日本では地方都市のヤンキーが、どでかいロゴ付きのブランド品をこれみよがしに持っていたりもするわけです。

しかしブランド側はあくまでも「われわれのブランドは超リッチなセレブに向けたものだ」という姿勢を固持し、「とはいえ、あなたたち一般人も相手にしてあげますよ」というくらいの上から目線で商売をしています。本当はその「相手にしてあげますよ」の層が一番のボリュームゾーンなのですが――。

これがもしハッタリ抜きで、本音の商売をしていたとしたらどうか。「あなたたちのような準富裕層や中間層が私たちのブランドを支えてくれているんです。買ってくれてありがとうございます」と言われてしまったら、その瞬間、ＨＥＮＲＹｓも中間層も興ざめして買う気がなくなってしまうことでしょう。

人はいつでもワンランク上の高嶺の花を欲しがるものです。キャバクラのようなお店でも、売れっ子嬢ほど客にこびず「会ってあげてもいいよ」くらいのスタンスです。「来てくれて本当にありがとう、助かります」ではダメで、「私はもっと高いレベルにいるけれど、あなたとも付き合ってあげるわ」くらいの温度感が一番売れるのです。

私が自社のホームページや商談用の資料を作るとき、花王、コカ・コーラ、Ｐ＆Ｇ、サムスンといった大手企業との取引実績を大々的に打ち出すのも同じ理由です。

実際の売上比率でいうと、中小ベンチャー企業からの案件が大半を占め、大手とはときどき仕事をして実績にしている程度なのですが、見せ方としては、普段からワンランク上の一流企業を相手にしているように打ち出していく。それくらいのハッタリをかまさなければ、大手はもちろん、**真のターゲットである中小ベンチャー企業からも「この会社に依頼したい」とは思ってもらえない**のです。

6 なぜ、NFTのサルの絵やクラブハウスのハッタリは持続しなかったのか

ボルドーワインやシャネルは、自分の価値を実際よりも高く見せるというハッタリでブランドを確立してきたわけですが、**この手法がいつもうまくいくとは限りません。**

たとえば約2年前、ブロックチェーン上で取引されるNFTアートの「サルの絵」が一大ブームとなりました。今見れば何の変哲もないデジタルアートなのですが、当時はそれがカッコいいと信じられ、マドンナやネイマールといった著名人もこぞって購入してSNSのアイコンに使ったことでさらに人気が沸騰――。2022年1月にジャスティン・ビーバーが購入した「サルの絵」BAYC（Bored Ape Yacht Club）には、じつに130万ドルもの値が付きました。

これこそまさにハッタリの力で、「ＮＦＴアートは希少性が高いから将来必ず高騰する」「世界的な有名人もこの絵を欲しがっている」と錯覚させることで、単なるサルの絵に近代美術の名画なみの価格を付けさせたのです。

しかし２０２４年現在、それらのＮＦＴがどうなったかというと、ジャスティン・ビーバーが買った「サルの絵」の価格はマイナス95％にまで大暴落し、マドンナやネイマールが購入したＮＦＴも85％以上のマイナスになっています。

アメリカ発の音声ＳＮＳ「Ｃｌｕｂｈｏｕｓｅ」（クラブハウス）もよく似たパターンの失敗例といえます。２０２１年1月に日本版がリリースされたときの盛り上がりはすさまじく、有名起業家や芸能人がいち早く使い始めるや、ＳＮＳ上には招待を求める声があふれかえりました。

人気の秘密は「完全招待制」で、しかも初期メンバーはちょっとイケてるセレブやインフルエンサーに限られていました。つまりクラブハウスに入るには、そういう特別な人に招待されなければならない。その特別感、VIP感が人々の心をつかみ、日本をはじめ世界各地でアプリダウンロード数の1位を獲得したのです。

ところがふたを開けてみれば、クラブハウスは単なる個人のラジオアプリでした。上流のセレブインフルエンサーから招待をもらい、SNSで自慢するまではよかったけれど、実際に使ってみると特段おもしろいわけでもない。化けの皮はあっという間にはがれ落ち、今ではクラブハウスという言葉すらまったく聞かなくなってしまいました。

7 「サムネ詐欺」にならないギリギリのラインを攻めろ

ＮＦＴのサルもクラブハウスも、大したことがない絵やアプリをものすごいものであるかのように錯覚させ、瞬間的には多くの人の支持を集めました。そのハッタリ力はじつに見事であり、学ぶべき部分も多くあると思います。

ただ、彼らはやりすぎました。ハッタリにも匙加減が必要で、実際よりもワンランク、ツーランク上に見せる程度のハッタリであればブランディングになりますが、１００倍も１０００倍もいいものであるかのように喧伝すれば、さすがに誇張が見抜かれて人心が離れます。一瞬だけバズればそれでいいという覚悟があるならともかく、**末永くビジネスとしてやっていくつもりがあるなら、やりすぎにならないギリギリのラインを攻めるバランス感覚を養わなければなりません。**

やりすぎにならないギリギリのラインとは、**相手がハッタリに気づかない、あるいは「ちょっとハッタリ入ってるでしょ」と思っても「まあ別にいいけど」と許してくれるレベル**です。

わかりやすい例がＹｏｕＴｕｂｅで一時期はやった「サムネ詐欺」です。サムネには「超ドッキリ！」とか「あの超有名人が登場！」などと書いておきながら、動画を再生してみると別にドッキリもなければ超有名人も出てこない……。あなたも一度くらいはそんな「サムネ詐欺」に引っかかったことがあるのではないでしょうか。

サムネで期待感をあおりまくれば再生数はたしかに伸びるでしょうが、代償として動画の離脱が早まったり、チャンネル登録解除率が高まったりして、結果的にＹｏｕＴｕｂｅ側からの評価が下がり、チャンネルは伸びなくなってしまいます。

では、こういうパターンならどうでしょう。「重大発表！」とか「大変なことになりました涙」というサムネの動画を開いたら「実は、私たちのアパレルブランドを作ります！」という発表だった。これくらいなら「思っていた内容とは違うけれど、まあいいか」と許せる気持ちになるのではないでしょうか。それは、本人たちにとってアパレルブランドの立ち上げは「重大発表」や「大変なこと」と言っていい内容であり、嘘ではないからです。

ビジネスでもプライベートでも、ハッタリを使う場合はこれくらいの「嘘にならないギリギリのライン」に踏みとどまるよう心がけてください。

「ハッタリに慣れていないからギリギリのラインを攻めるのは少し怖い」という方は、**最初はもっとささやかで現実的なハッタリから始めて経験を積むのがいい**でしょう。

たとえば毎月の売上が30万円の人なら「来月は32万円やりますよ！」と高らかに宣言する。30万円を32万円にするというのは、数字としてはそこまでインパクトはないけれど、達成できれば「コイツは自分の言ったことに責任を持てるヤツだ」という評価がつくし、自分でも「ハッタリを現実にできた！」と自信が持てるようになります。その自己肯定感は次回、より大きなハッタリをかますための筋力となるので、来月は40万円、再来月は60万円というように、徐々にステップアップしていけばいいのです。

これが最初から「来月は60万円やります」と宣言してしまうと、瞬間的には「すごい目標を立てたな」と期待されるでしょうが、目標を達成できなければ「なんだ、できないのか」「口だけのヤツだな」と落胆され、NFTのサルやクラブハウスのように、かえって自分の価値を下げることになります。そんな残念な結果を生まないためにも、まずは現実的なハッタリで筋力を鍛え、徐々に「ギリギリのライン」に近づいていくようにしてください。

8 クライアントも上司も、実はハッタリを求めている

序章でも述べたように、私は上司やクライアントから仕事の打診をされたとき、一片の迷いもみせずに「できます！」と即答することで、同期や競合との差別化を図ってきました。

この手のハッタリをかませない人は、「上司やクライアントにはできる限り正確な情報を伝えなければならない」と考える、非常にまじめな人が多いのではないかと思います。だから、頼まれた仕事を本当にこなせるか入念にシミュレーションしたうえで「多分できると思いますが、もしかしたら納期を1日、2日くらい過ぎてしまうかもしれません」などと極力正確に回答する。それが誠実な対応だと信じているのでしょう。

しかしながら、上司やクライアントというのは、常に100%正確な答えを求めているわけではありません。特に「この仕事できそう?」と尋ねるときは、完璧にできるかどうかではなく、本人の感覚としてできそうかどうかを聞いているケースがほとんどです。だから、**なんとかできるレベルの話なら、四の五の言わずに「できます!」と即答するのが一番相手のためになる**のです。

仕事を始めたばかりのド新人でもない限り、それが絶対に無理な話なのか、頑張ればできそうなことなのかは判断がつくはずです。たとえば「明日までに国立競技場を完成させてほしい」という依頼は物理的に100%無理ですが、「明日までにプレハブ小屋を完成させてほしい」なら、ものすごく頑張れば不可能ではありません。その感覚をもとに、頑張ればなんとかなりそうな依頼に対しては、ノールックで「いけます!」と答え、後で必死に辻褄を合わせるのです。

特に私のようなコンサル業の場合は、**大風呂敷をめいっぱい広げて「私ならできますよ!」と相手を安心させてあげることが非常に大事**になります。

なぜならコンサルタントは方針を示すだけで、それを実際に行うのは相手会社の社長や従業員だからです。コンサルが自信なさげに「こうすれば多分うまくいくと思うのですが……」なんて言っていたら、実行部隊は「コイツの言うとおりにして大丈夫かよ」と不安になり、半信半疑で取り組むことになるから、結果として成果も上がりません。反対に、コンサルが「私の言うとおりにやってくれたら絶対に大丈夫ですよ！」と自信満々で背中を押してあげたら、相手も大船に乗った気持ちになって全力で頑張ってくれるので、必ず良い結果につながるのです。

だから私はクライアントの前では常に自信に満ちたそぶりでふるまいます。商談中に知らない業界用語が出てきたとしても、その場で「どういう意味ですか？」と聞いたりせず、さもパソコンで資料をまとめているようなふりをしてこっそり意味を調べ、当然知っていたものとして話を続けます。**それくらいのハッタリは、高額なフィーをもらっている者として当然の礼儀である**と思っています。

なお、大見得を切って「できます！」と答えたものの、後から「やっぱり厳しいかもしれないな……」と心配になってしまうことは、私でもときどきあります。**そんなときは後からメールや質問をして、レベル感や納期を調整していきましょう。**ハッタリのインパクトは多少薄れるかもしれませんが、それでも商談時に自信がない姿を見せるよりは、ずっとマシです。特に高額な報酬が発生する商談のときは、いまいち自信がなかったとしても「うーん」と迷ったりせず「できます！」と言い切った方が、トータルで完全にプラスになります。

報酬が安すぎる案件など、予算的に「できます！」と言い切ることができない仕事は、そもそも受けるべきではないのできっぱり断りましょう。ただし、実際に会って商談をしてから「その予算だと厳しいですね」となるのは時間の無駄なので、私の場合は、新規の顧客から問い合わせがあった時点で、年商規模や予算感などをざっくりヒアリングします。そして予算があまり潤沢でない場合は、こちらもそれに合わせた簡易的なプランを提案し、圧倒的に予算が足りない場合は、いちいち会わずにメールでお断りするようにしています。

納期が短すぎたり、スケジュールがパンパンでどう考えても対応できない場合は、お断りするか、もしくは工程の一部だけ引き受けます。ただし「この部分しかできません」という言い方では芸がないので、「社内にノウハウを貯めるためにも、この工程は御社でやられてはどうでしょう。将来的に外注を使わずインハウス化できるからコスパもいいですよ」というような断り方をします。これなら「せっかく依頼したのに断られた」ではなく「私たちのことを考えてアドバイスしてくれた」という前向きな印象を残せます。

9 ハッタリからの辻褄合わせで、人は劇的に成長する

ハッタリを言うのがうまい人は、そうでない人にくらべてはるかに高い評価を受けることになりますが、すべてのハッタリ屋が成功しているわけではありません。いくらハッタリがうまくても、そのハッタリを回収して現実にする力がなければ、単なるホラ吹き野郎で終わってしまいます。

そう、本書のタイトルに「見せ方と辻褄合わせの技術」とあるように、ハッタリをかました後は必ず裏で辻褄を合わせ、ハッタリを現実にしなければなりません。**真のハッタリ屋とは、口先でうまいことを言うだけではなく、陰でしっかり努力している人**なのです。

ハッタリを単なる「ラクして評価される技術」だと思っていた方は、「なんだ。結局、

努力が必要なのか」と少しガッカリされたかもしれません。

でも、**ハッタリを使わずに努力するのと、ハッタリを使いつつ努力をするのとでは、後者の方が確実に評価されるのだから、ハッタリは使った方がいいに決まっています。**

それに、よく考えてみてください。仮に辻褄合わせの努力をせず、口先のハッタリだけでやっていくとなれば、ハッタリの表現力は磨かれるけれど、実務的なスキルや知識の面では、いつまで経っても成長できません。能力的には未熟なまま、ハッタリ力だけを頼みに生きていくなんて、さすがにリスクが高すぎるのではないでしょうか。

真のハッタリ屋は、最初に「できます！」と宣言したら、それを現実にするため死に物狂いで辻褄を合わせます。経験が浅いうちは「できます！」と言っておきながら納期に間に合わないなど、ハッタリを回収しきれないこともあるかもしれませんが、その経験は必ず自分の血肉となります。だから、**できるかどうかギリギリのラインでもとりあえず「できます！」とハッタリをかまし、「できると言ったからにはやるしかない」と自分を追い**

込んだ方がいいというのが私の考えです。

ほとんどの人は、厳しそうな打診に対しては「できます！」とは言わず、「多分できると思いますが、もしかしたら数日は遅れるかもしれません」などと保険をかけて回答します。でも、それをやってしまうと自分の限界ラインを引き出せないので、結果として成長は鈍くなります。**毎回そんなふうに保険をかけている人と、毎回「できます！」と宣言して自分を追い込んでいる人とでは、3年後には圧倒的な実力差がついている**ことでしょう。

ハッタリからの辻褄合わせが人を劇的に成長させることを、私自身、何度も体験してきました。中でも思い出深いのは、楽天時代に熊本地震の被災地支援として「熊本買って応援企画」を提案したときのことです。

まだ「働き方改革」という言葉もなかった時分、IT関連企業はどこも残業が多く、私たちのチームもご多分にもれず多忙な日々を送っていました。そんなとき熊本地震が発生し、「自分にも何かできないか」という一心で考えたのがこの企画です。

提案は異例のスピードで採択されましたが、当然ながら前々から決まっていた仕事ではないので、発案者である私は、通常業務と並行して「熊本買って応援企画」を進めなければならなくなりました。上司から「通常業務も減らせないけど大丈夫なのか？」と確認された私は、このときも「全然いけます、大丈夫です！」と大ハッタリをかましました。

しかし本当は、全然大丈夫ではなかったのです。ただでさえ多忙なところに、今までやったことがないタイプの企画が加わり、正直言って死にそうでした。しかし「全然いけます」と言い切った以上、何が何でも辻褄を合わせなければならないと、文字通り寝る間も惜しんで働きました。結果、通常業務も首尾よくこなしつつ、ふつうなら準備期間として2カ月はかかる規模の「熊本買って応援企画」をわずか1週間でリリースまでもっていき、その功績で楽天市場MVP賞もいただきました。

熊本企画の準備をしていた1週間は、人生でも3本の指に入るキツさでしたが、このとき身につけた筋力のバネは私のキャリアの根幹となっています。今振り返っても、本当にやってよかったという感想しかありません。

人が成長するためには、何らかの負荷が必要になります。そのきっかけをもたらしてくれるのがハッタリで、自分から「できます！」と宣言し、周りにも聞かせてしまった以上は、もうやるしかない。**ハッタリは地力を鍛えるトレーニングにもなる**のです。

私が最近ハマっている「冷水シャワー」も、自分に負荷をかけ、自分ではコントロールできない能力を引き出すという意味で、ハッタリに通じるものがあると感じています。これは真冬につめたいシャワーを1分ほど浴びる健康法で、冷水という強いストレスにさらされると、脳は冷水の不快感を消すことに集中して余計なことを考えなくなるので、ネガティブな感情が抜けやすくなると言われています。

私の実感としても、冷水シャワーを浴びた後は非常に爽快で、Tシャツを1枚はおるだけで「なんて温かいんだ！」と幸せな気分がこみあげます。それは壮大なハッタリを首尾よく回収できたときの安心感、達成感にも似ているように思います。

第2章

仕事で評価されたいならハッタリを活用せよ

1 数字を切り出すだけで超有能と思わせるカラクリ

第2章では、ビジネスの場面で効果的にハッタリを使うための心得や、具体的な方法についで述べていきます。

まずはハッタリの基本である「数字」の使い方を押さえておきましょう。

一般的なビジネスマンは、仕事の見通しや成果を報告するとき、ありのままの数字を何の工夫もなく伝えてしまいます。それに対して**仕事がデキる（と思われている）人は、自分が見せたい数字だけをクローズアップして伝えることで、「この人はすごく成果を出しているな」と相手を錯覚させています。**

極端な例になりますが、少し前に東京都福祉局が発表した「有給取得率の推移」を示すグラフをご覧ください【グラフ1】。これを見ると、令和2年から3年にかけて数字が10倍くらいに跳ね上がった印象を受けますが、実は53・4%から58・0%へ、4・6%上昇したにすぎません。それなのになぜこんな極端なグラフになっているかというと、有給取得率が上がっていることを強調するために、目盛りを0%からではなく53%からスタートさせたり、目盛りの間隔を操作したりといった細工がなされているからです。

正直、このグラフはやりすぎです。事実、目盛りの不自然さに気づいた人がSNSで「ひどい印象操作だ」と指摘したことで、東京都福祉局は多くの批判にさらされることになりました。

では、一切のハッタリを排除して、真っ正直なグラフを作ったらどうなるか？【グラフ2】のとおり、ほとんど横並びで、何が何だかよくわからないものになってしまいます。正確ではあるものの、これを見て「有給取得率が上がっていてすばらしい」と思ってくれる人は皆無でしょうし、そもそも「よく見ないと伸びているのか減っているのかさえわからないグラフ」というのは不親切でしょう。

一方、東京都福祉局が批判を受けて修正したのが【グラフ３】です。目盛りを０％スタートかつ等間隔に修正しつつも、50%以上の部分をクローズアップすることで、有給取得率がしっかり上がっていることが一目でわかるようになっています。

私たちがめざすべきはこの【グラフ３】のような、適度にハッタリを利かせた数字の切り出し方です。【グラフ１】はＹｏｕＴｕｂｅでいうところの「サムネ詐欺」に近く信用を失う恐れがあるし、かといって【グラフ２】ではハッタリがなさすぎて成果が伝わらないからです。

私自身、楽天時代から今に至るまでずっと【グラフ３】のような、成果が伝わりやすいグラフを積極的に使っています。それで褒められこそすれ、印象操作じゃないかなどと批判を受けたことは一度もありません。

【グラフ1】△

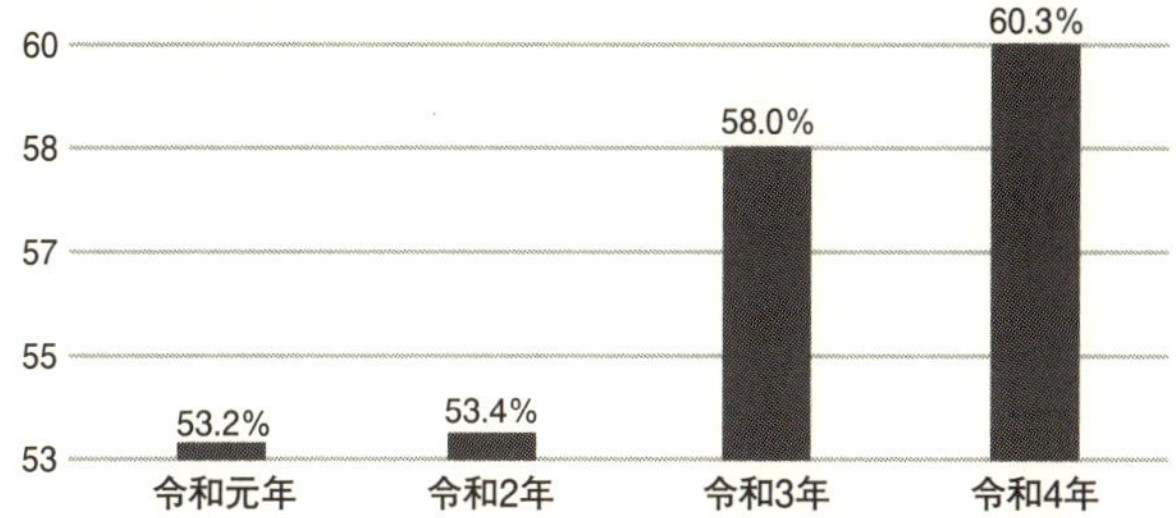

【グラフ2】×

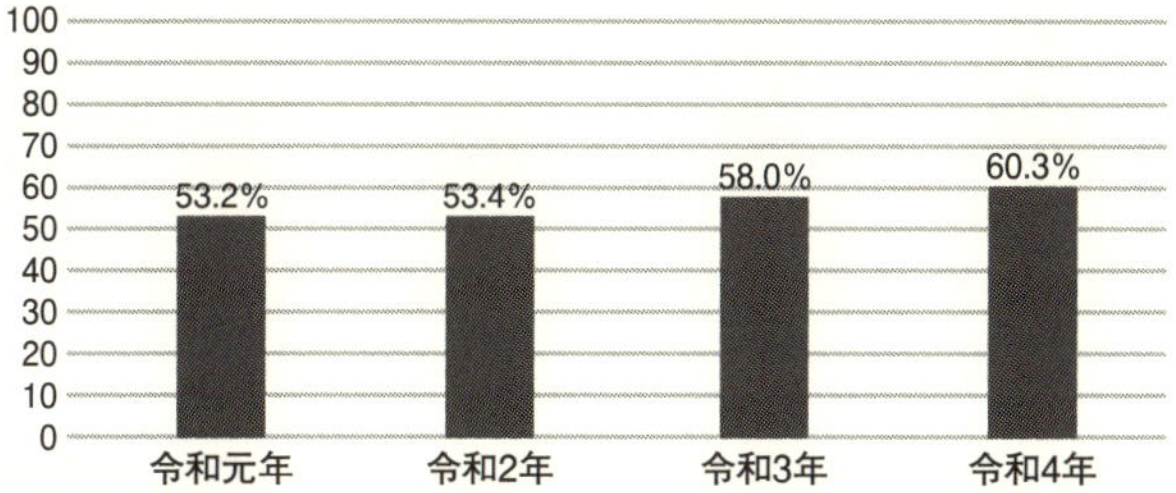

【グラフ3】◎

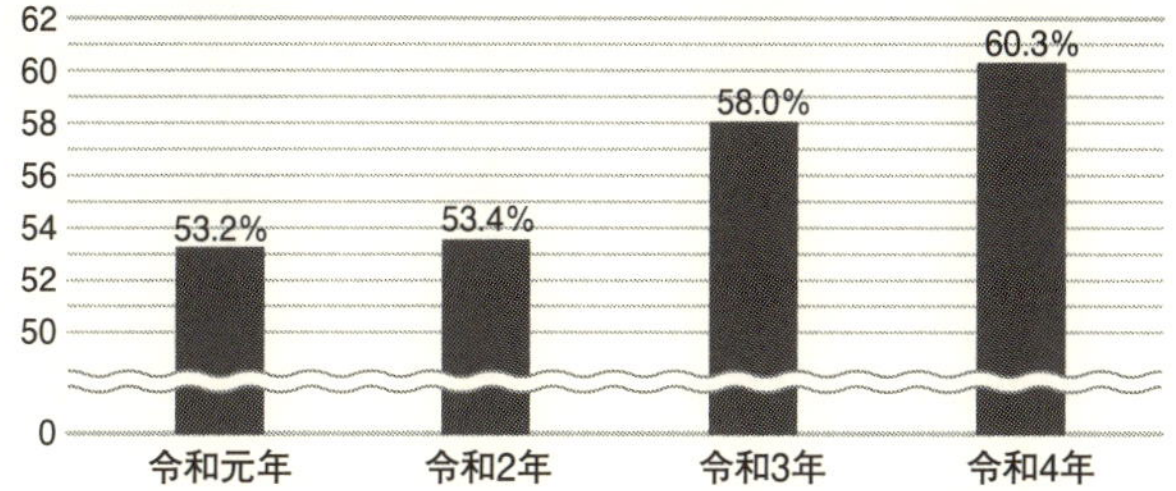

2 偶然の産物もチーム全体の実績も、すべて「自分の手柄」として語れ

仕事をしていると、特に何もしていないのに業績がアップすることがあります。楽天市場のセール企画を担当していたときも「先月3億円だった売上が、今月はなぜか3億3000万円に上がった」といったことがたまに起こりました。

こういうとき、ほとんどの人は「特に何も仕掛けていないので、正直なんで増えたかわかりません。まあ、季節変動ですかね」などと馬鹿正直に報告してしまいます。これは本当にもったいないことで、せっかく数字が増えたのだから、**後付けでも理由をこじつけて自分の手柄であるかのように語ればいい**のにと思います。

担当者であるあなたですら、なぜ売上が上がったのかわからないなら、上司はもっとわ

からないはずです。だから売上が3000万円増えたなら、根拠なんてなくていいから「ヘッダーのバナーを変えたのがよかったみたいです」というように、自分の仕事と結びつけて、自分の手柄として報告しましょう。実際にやってもいないことをでっちあげるのはダメですが、その期間中にやった仕事は何かしらあるわけですから、「この施策によってユーザーのコンバージョンが上がった可能性があるので、来月も引き続き注視していきたいと思います」などとそれらしいことを言っておけばいい。**それだけで、ふつうの人なら何の成果にもならないところ、あなたには「売上3000万円アップに貢献した」という加点がつく**のです。

こうした数字のハッタリは、社内だけではなく社外にも有効です。たとえばチーム全体で達成した数字を、あたかも自分1人の手柄であるかのように語ることで、自分を有能に見せることができます。

会社員――とりわけ大手企業の社員というのは、会社の知名度やブランド力のおかげで仕事ができているので、たとえ何百億円もの売上を達成したとしても、担当者の力量が優れていたからだとは限りません。さらに言えば、直接の担当者は1人だったとしても、その業務は何人ものサポートスタッフのおかげで成り立っているので、「売上＝担当者の実力」という図式は大手企業になるほど成り立ちません。しかし、それでも**実際にその数字を記録したのであれば、堂々と「私が出した数字です！」と言いきってしまって全然かまわない**のです。

私も独立したばかりの頃は、社長としての実績は何もないので「楽天スーパーSALEで683億円の売上を達成し、社内のギネス記録を獲得しました！」ということを大々的にアピールしていました。もちろん683億円というのは会社の看板があって、先輩や後輩、裏方スタッフみんなに協力してもらって初めて達成できた数字なので、私個人がすごいわけでは全然ないのですが、あたかも自分の功績であるかのように語ることで「うわ、この人は有能なんだな。1週間で683億円も売上を作って楽天のギネスまで取ったということは、この人にコンサルを頼んだら軽く数億円ぐらいは売上がアップするんじゃないかな」と思ってもらえるわけです。

反対に、都合の悪い数字は出す必要はありません。社内レポートやクライアント向けの報告書で「毎月この数字を出す」とルールが決まっている場合は出さなければなりませんが、**資料にどんなデータを盛り込むか自分に裁量権がある場合は、不都合な情報は入れないのが鉄則**です。

特にコンサルのような〝先生業〟の場合、クライアントは安心感を得るためにお金を払っている側面があるので、不安にさせる情報をわざわざ伝えるメリットはありません。「この施策で流入数が伸びています」といった**調子のいいデータだけを出し、「この人は超有能だからまかせて安心だ」と思わせることが大事**なのです。

3 1日10個しか売れなくても、50年売れば「18万個売れた饅頭」になる

前項で述べたとおり、上司やクライアントから評価される人は「自分にとって都合のいい数字」をうまく使うことで自分を有能に見せています。

「そう言われても、自分の仕事は数値化できるようなものではないから……」と思う人もいるかもしれませんが、本当にそうでしょうか？

どんな仕事でも数値に換算しようと思えばできるものです。たとえば書類作成がメインの一般事務なら、「こんな資料を毎日30枚作っている」と言えるし、それをもっと大きく見せたいなら「年間で7000枚以上の資料を作成している」とか「入社してからの5年間で3万5000枚の資料を作ってきた」と言うこともできるのです。

社員数が多い企業に所属している場合は、そのボリュームをハッタリに使うのもいいで

しょう。単に「楽天の経理部門で給与計算を担当しています」というよりも「7000人以上の社員がいる楽天の経理部門で給与計算を担当しています」と言った方が、多くの仕事を効率よくこなしているような印象を与えることができます。

「零細企業で売上規模が小さいから、数字を出したところでハッタリにならない」という場合は、先ほどの一般事務職のように、月単位や年単位で計算してみてください。それだけで数万とか数十万という大きな数字を引っ張ってくることができるはずです。

これは楽天市場でもよく使われている手法で、たとえ1日10個しか売れない饅頭だったとしても、年間にしたら3650個、10年で3万6000個です。もしその饅頭を創業以来50年にわたって細々と売り続けていたなら「累計18万個売れた饅頭」という打ち出し方も可能になります。

和菓子店で1日10個というのは、どちらかといえば不人気な商品なのかもしれません。それでも年間、10年間、創業以来のスパンで換算すれば、何千個、何万個という数字が出てくるわけで、**どんな数字になりにくい仕事でもこのハッタリ技を応用すれば、ちょっと驚くような数字をひねり出すことができるはず**です。

4 認知心理学によるヒューリスティックで「優秀」と思わせるテクニック

突然ですが問題です。

【Aさんと Bさんがコインを何度か投げました。Aさんが投げたコインは表、表、表……と「表」が出続けるのに対して、Bさんは裏、裏、裏……と「裏」ばかり出ます。では、次にコインを投げたとき「表」を出す確率が高いのは、AさんとBさんのどちらでしょうか?】

このような情報の出し方をされると、多くの人は直感的に「Aさんはずっと表を出し続けているから、次も表になるのではないか」と思うのではないでしょうか?

実際には、コインの表裏というのは2分の1の確率で出るものなので、AさんもBさんも次に表が出る確率に変わりはありません。しかし、たとえ「コインの表裏は常に2分の1」という知識があったとしても、**「Aさんはずっと表を出し続けているから、次も表を出してくれるのではないか」と期待してしまうのが人の心理**です。

このように、過去の経験や限られた情報に基づいて「多分こうだろう」と判断する直感的な思考法を、認知心理学の用語で「ヒューリスティック」といいます。

人間は、すべてのものごとを理論的に考え、慎重に判断するわけではありません。なぜなら朝ごはんに何を食べるか、どんな服を着ていくか、靴下やハンカチはどれにするかなど、無数の選択肢に対していちいち熟考していては身が持たないので、自分の経験や知識に基づいて、ある程度正しそうな答えをパパッと選ぶのです。**ヒューリスティックと呼ばれるこの心の作用を知っているだけで、ハッタリの幅は大きく広がります。**

たとえば社内で自分の企画を通したいときや、クライアントから仕事を受注したいときは、細かい話はさておいて、成功事例を4つ5つバババッと提示する。「数字がアップしました」「数字がアップしました」「数字がアップしました」「数字がアップしました」というのを並べて見せることによって、**「コインが表、表、表と出続けている人（会社）だから、次も表を出してくれるだろう」と錯覚させる**のです。

もちろん実際には100％の確率で成功しているわけではなく、過去には数字がアップしなかった事例もあるのですが、失敗事例はなかったものとして、成功事例だけをピックアップして並べます。プレゼンされる側もそれくらいのことは重々承知しているはずですが、人は自分にとって都合のいい、オイシイ話を信じたくなる生き物なので、**目の前に圧倒的な成功事例ばかりを示されると、ヒューリスティックが働いて「この人にまかせれば次も成功するに違いない」と判断してしまう**のです。

商談や企画会議だけではなく転職時の面接も同じで、前職で自分がどれくらい成果を上げてきたかを羅列すると、面接官は「前の会社でこれだけ成功しているならウチでも活躍してくれるに違いない」と錯覚します。実際のところは、面接で言わないだけで失敗の方が多かったかもしれないし、業種や商材が変われば同じような成果を上げられるとは限らないのですが、**インパクトのあるハッタリは、そうした論理的思考を打ち消すほどの力を持っている**のです。

5 「ハロー効果」が身につく仕事をして、ハッタリの資産を築いていけ

商談資料や転職時の履歴書に成功事例ばかりが並んでいると、その印象に引きずられて「この人は優秀に違いない」と思ってしまう現象を「ハロー効果」といいます。ハロー（halo）は聖人の頭上などに描かれる後光を指す言葉で、強いハローを目の当たりにすると、その光に目がくらんで認知がゆがみ、全体を正しく評価できなくなるのです。

「認知のゆがみ」というと何となく悪いことのようですが、**大事なのは、ハロー効果にまどわされる側ではなく、ハロー効果を使いこなす側になること**です。すなわち、ハッタリの利いた商談資料や履歴書によって、自分や商品が実際よりも優秀であるかのように錯覚させるのです。

ただし、商談資料や履歴書でハッタリをかますためには、そこに書けるだけの具体的な実績が必要になります。どんな仕事でも数値化しようと思えばできるとはいえ、「楽天スーパーSALEで売上683億円を達成し社内ギネスを獲得！」というような、わかりやすい実績があるに越したことはありません。

社内で高い評価を受けて出世している人や、若くして起業・独立して成功している人の多くは、そうした「わかりやすい実績」を出せる部署や業界を渡り歩いて今の地位に上りつめています。それは多くの場合、たまたま配属に恵まれたからではなく、**本人が意図的にハッタリをかませる仕事、すなわちハロー効果が身につく仕事を選びとってきた結果**です。

ＬＩＮＥやＺＯＺＯで役員を務めていたビジネス系インフルエンサーの田端信太郎氏も以前「自分の数字にならない仕事をしたり、実績として認められにくい業界で働いたりするのはやめた方がいい。どうせなら、自分がこれをやりましたと胸を張れるような仕事ができる部署や業界を選ぶべきだ」という旨の発言をされていて、まったくその通りだと共感したのを覚えています。

自分の数字になる仕事をするということは、ハロー効果が身につく仕事をして「ハッタリの資産」を築いていくことを意味します。あなたも就職・転職やジョブローテーションの際には、次の仕事がハロー効果につながるかどうかという視点で、キャリアプランを考えてみてください。

6 ハッタリを最大化させたいなら「ビジュアル」を使え

同じような成績を上げているのに評価される人、されない人がいるのと同様、似たような内容の提案書でも、「これはすごい、ぜひやりましょう！」と言ってもらえる場合と、すげなく却下されてしまう場合とがあります。これも完全にハッタリ力があるかないかの違いで、社内会議用でも対クライアント用でも、**ウケがいい資料はおしなべてハッタリが利いています。**

一般的なプレゼン資料は「起承転結」で作られています。「起」すなわち「世の中では今こういう問題が起きています」という問題提起から入って、「承」では「こういう商品やサービスを使うといいですよ」と解決策を示し、次の「転」では「そうすればもっと儲かりますよ」と話を広げ、「結」として「数年先にはこんな未来が待っています」とゴールを示すのです。

起承転結型の資料はわかりやすく、親切な設計ではあるものの、導入にあたる「起」の部分で退屈な印象を与えてしまうことがままあります。業界や市場の動向などは、関係者にとっては周知の事実であることが多いので「そんなこと言われなくてもわかっている」と思われてしまうのです。

相手が初対面やそれに近いお客様の場合は特に、こちらへの信頼や期待感がないと真剣に話を聞いてくれないので、**導入でいかに「この人（会社）はすごそうだ」と思ってもらえるかが勝負のカギを握ります。**

だから私は商談やプレゼンの資料を作るときは、背景云々よりもまず「実績紹介」から入ります。取引先に花王やコカ・コーラ社、東洋経済オンライン、NTTドコモといった名だたる大手企業が名を連ねていることや、楽天時代に数百億円の売上をたたき出したこと、テレビをはじめとするメディアに多数出演していることなど、自分のキャリアの中でも特にインパクトのある実績を最初にバババッと見せるのです。

ポイントは、文字ではなく「ビジュアル」を多用することです。文字の説明文なんて誰も読みたがりませんが、見慣れた大手企業のロゴを並べておけば「なるほど、この会社と取引をしているのか」と一発で視認してもらえます。メディア出演の実績だって、文字で一行「フジテレビの『全力！脱力タイムズ』に出演」と書くだけでは見落とされたり、ピンとこなかったりするでしょうが、番組出演時のキャプチャーを貼っておけば「あの芸能人と並んでテレビに出たのか」と、すごさを一瞬で理解してもらえます。

このようにビジュアルの力を総動員して実績を羅列すると、ヒューリスティックやハロー効果がより強烈に作用して「この人は超すごそうだ」「テレビにも出ている売れっ子だ」「この人に頼めば間違いないだろう」というように、強い信頼や期待感が醸成されます。商談の冒頭でこれをやっておくのとおかないのとでは大違いで、**最初に「すごい人」というイメージができてしまえば、こちらの企画や提案をすんなり受け入れてもらえる可能性が格段に高まります。**

7 自分の意見を通したいなら「二択」から選ばせよ

自分の企画や提案が通るかどうかは、企画の内容そのものよりも、ハッタリの利いたプレゼンができるかどうかで決まります。**ふつうに提案すれば50点どまりの企画でも、プレゼンのやり方がうまいと80点、90点レベルの企画に見せることができる**のです。

私がおススメするプレゼン法は、前項で説明したようにハッタリの利いた資料を作ることに加え、**プランを「2案」用意すること**です。これは社内外を問わず使える万能のテクニックで、私自身、楽天時代の企画会議でも現在のクライアントワークでも、自分の意見を通したいときには必ずこの作戦でのぞんでいます。

ほとんどの人は、上司やクライアントに何かを提案するとき、自分が本当にいいと思うプランを1つだけ持っていきますが、**私は必ず2案用意して、「プランAとプランBならどちらがいいですか」とその場で選ばせます。**すると相手の頭の中は「この二択から選ばなければならない」という錯覚で満たされ、それ以外の案を求めるという発想が消し飛んでしまうため、よほどのことがない限り2案のどちらかに決まるのです。

これが1案だけ持っていくとどうなるかというと、どんなにすばらしい企画であっても、たいていは「もっと違う方向からも考えてみて」とか「ここをもっと練ってほしい」などと言われてしまいます。簡単に対応できる要望ならまだしも、ときには自分が苦手な方向での検討や、面倒くさい修正を求められることもあります。

そうした事態を回避するためにも、**最初からA案とB案を持っていき「選択肢はこれしかない」という錯覚に誘い込む**のです。そうすれば面倒なフィードバックをまぬがれることができるうえ、ふつうの人よりも上司やクライアントの「イエス」を取るスピードが早くなります。すると、同じ仕事をしていても「仕事が早い」という評価をもらえるし、浮いた時間を自己研鑽やほかの仕事にまわしていけば、さらに評価が高まるというわけです。

「2案も作るのは大変そうだ」と思った方、ご心配には及びません。**本命のA案はしっかりと作りこまなければなりませんが、もう1つのB案については、やっつけ仕事でも十分**です。B案のレベルが低ければ、それだけA案のよさがきわだつからです。

逆に、2案どちらも気合を入れて作ってしまうと、それに時間を取られるうえ、相手が「どちらもいいな」と迷ってしまい、あげく「2つの要素を合わせて1案にまとめてほしい」なんてことを言われかねません。そんな面倒なことを言わせないためにも**2案目は力を抜いて作り、「B案は微妙だけどA案はすごくいい」という見せ方にするのがいい**でしょう。

8 メールに爆速で返信するだけで「デキるヤツ」だと思われる

上司やクライアントから評価されるのは、有能な人ではなく、有能だと「思われている」人です。自分を有能に見せるハッタリ技はいろいろありますが、もっとも手っ取り早く、今日からでも始められる超おススメの方法があります。

それは、**メールの返信をめちゃくちゃ早くすること**です。

「それだけ？」と思われたかもしれませんが、それだけです。それだけで、ごくふつうの能力しか持ち合わせていない凡人でも「コイツは違う」と認識されるようになります。

メールの用件というのは、ほとんどがちょっとした確認や連絡事項です。9割がたは読めば一瞬で内容を理解でき、「どうやって返信しようか」と頭を悩ませるようなものでもありません。だから「承知しました。引き続きよろしくお願いいたします」くらいの返信なら、送ろうと思えば30秒以内に送れるはずです。

ところが、ほとんどの人はメールに即返信することはなく、メールを読んで5分、10分と経ってから、ようやく「じゃあ返信しておくか」と腰を上げます。ひどい人になると半日以上も放置したり、そのまま返信を忘れてしまったりします。

だからこそ、**メールの返信がめちゃくちゃ早いというのはインパクトがあります。**もちろん私も即答できるメールには即答します。よく使う文面はテンプレートにしておいて、メールが届いてから30秒、場合によっては10秒以内に返信します。すると**相手は「コイツの返信スピードすさまじいな」と必ず思います。そんな人はほかにいないから**です。

私が楽天にいた頃、若くして役員にまで上りつめた人がいました。その人もメールの返信が早い人で、特に三木谷社長や役員からのメールには爆速で返信していました。ほかの仕事はそこまで早くないのに、メールの返信だけは異常に早いのです。

メール返信の早さと仕事のクオリティはまったく関係ないはずですが、**上の人からすれば「自分のメールにこんなに早く返信してくれるなんて、コイツは信用できる」と感じ、**

重用したくなるのでしょう。その役員がレスポンスの早さだけで出世していることに気づいた私は、その日から彼にならってメールに即返信することを始めたのです。

第1章でも述べたように、同じ会社に勤める社員の能力が2倍も3倍も違うということは考えにくく、評価はすべて「見せ方」で決まります。その点、**メールは目に見える仕事だし、目につく頻度も高いので、ハッタリのかまし甲斐がある**のです。

しかも、メールに即返信するということは、相手が返信を待つ時間を減らしてあげることでもあるので、**メールの返信が早いと「仕事が早い」だけではなく「気が利く」という評価までついてきます。**メールの返信スピードを早くするだけで勝手にそんなふうに思ってもらえるのだから、やらない手はありません。

いま持っている仕事で2倍の成果を上げるのはとてつもなく大変なことですが、メールの返信を人より2倍、3倍早くすることなら、きっと誰でもできると思います。**メールに即返信することは、ものすごく簡単なのにハッタリ効果は抜群という、コスパ最強の処世術**なのです。

9 時短でハッタリをかましたいなら、辞書登録とテンプレートを使いこなせ

先述のとおり、私はメールに爆速で返信するために、**使用頻度が高い言葉を辞書登録したり、テンプレート化したりしています。**

たとえば「お疲れさまです、●●部　▲▲チームの大原です」とか「引き続きどうぞよろしくお願いいたします」といった文面は、ふつうにキーボードで打つと5秒くらいはかかってしまいます。たかが5秒と思うかもしれませんが、1日に何十通もメールを書く人なら、積もり積もってかなりの時間を食われることになります。

だからメールでよく使う文章については、「おつ」と打ったら「お疲れさまです、●●部　▲▲チームの大原です」、「ひき」と打ったら「引き続きどうぞよろしくお願いいたし

ます」というように、一発で変換されるよう辞書登録しておくといいでしょう。これなら1秒で文章が書けるし、打ち間違いによる誤字もないので、見直しや修正をする必要がなく、さらに時間を短縮できます。

辞書登録以外では「スニペット」というアプリもおススメです。これは、あらかじめ登録しておいたテキストをコマンド1つで呼び出せるツールで、私はメールでよく使う文章のほか、会社の住所やメールアドレス、Ｚｏｏｍ招待ＵＲＬなど、使用頻度の高いテキストをいくつも登録しています。特にＺｏｏｍ招待ＵＲＬは、そのつどＺｏｏｍを開いてＵＲＬをコピペしていたら20秒くらいかかりますが、スニペットを使えば1、2秒で呼び出せるので大幅な時短になります。

こうした小技を組み合わせると、「承知しました」「ＯＫです」といったレベルのメールはもちろん、「あれをこうしてください」といった少々複雑な内容を伝えるメールでも、かなりのスピードで返信できるようになります。

たとえば次のメール文では、新たに書き起こしたのは傍線部分のみで、残りはスニペットから呼び出したテンプレートになります。

鈴木様

お世話になっております。ダニエルズアークの大原です。
ご連絡いただき、ありがとうございます。

お問い合わせの件は、明日までに納品ください。

引き続きよろしくお願いいたします。

文章や構成を一から考えて手打ちしていたら、人によっては見直しも含めて数分かかるかもしれませんが、これなら10秒で返信できます。

なお、メール返信とは直接関係ありませんが、**スニペットにはコピーしたテキストを100個ほど履歴に残しておく機能もあります。**どういうときに役立つかというと、たとえばURLをどんどんコピー&ペーストしてリストを作りたいとき、通常は1件ずつコピーしてペーストするしかないけれど、スニペットを使えばまとめてコピーしてから一気にペーストできます。もちろん後者の方が圧倒的に効率がいいので、時短を極めたい方はぜひ使ってみてください。

10 ハッタリは、見ている人がいなければ意味がない

同じくメールを使ったハッタリ技としては**「CCの範囲を1・5～2倍に広げる」**こともおススメです。

若い読者の中には、「えっ」と引いてしまった方もおられるかもしれません。少し前にニュースになっていましたが、令和の若手社員の傾向として、CCに上司を入れたがらない人が増えているようなのです。自分が書いたメールを見られるのが恥ずかしいとか、失敗が即バレてしまうのが怖いというのが主な理由だそうです。

しかしながら、CCに入れるべき関係者を入れずにメールをしていると、上司は「なんでコソコソやっているんだ」「見られたくないような、やましいことがあるのか」「本当に

仕事をしているのか」などと変に勘繰ってしまうし、情報共有やフォローアップの面からも好ましくありません。それに何より、上司をCCに入れておかないと、自分がどれだけ頑張って仕事をしているかが上司から見えず、評価されなくなってしまいます。

どんなにいい仕事をしても、それを見て、評価してくれる人がいなければ意味がありません。だから、メールでやり取りをするときは必ず上司をCCに入れること。それも、できれば直属の上司だけではなく、その上の上司も含めるようにする。感覚的には、これまで「だいたいここまでCCに入れておけばいいだろう」と思っていた範囲の1・5〜2倍の関係者まで入れるようにしてください。それだけで周囲から見える仕事の流通量が圧倒的に増えるので、「コイツは仕事しているな」ということが伝わるし、ふつうはCCに入れないようなお偉いさんまで入れておくと「私までCCに入れるということは、それだけ自信があるんだな」と勝手に解釈してくれます。

私も楽天時代、このささやかなテクニックのおかげで役員からお褒めの言葉をいただいたことがありました。

入社2年目で、新入社員の教育係になったときのことです。教育係は、自分が受け持つ新入社員に毎日フィードバックのメールを送るという決まりがありました。同じように教育係になった同期はみんな直属の上司だけをCCに入れていましたが、私は部署の役員やマネージャーが入っているCCグループも含めてフィードバックのメールを送っていました。そうしたら、役員の1人がたまたま私と新入社員のやり取りに興味を持ってメールを読んでくれたようで、私の上司に「大原君はフィードバックも適切だし、後輩のことをよく見ているね」と伝えてくれたのです。

実を言えば、私はそこまで新人教育がうまいわけではなかったのですが、その役員はほかの教育係のフィードバックメールを目にする機会がなかったから、私だけがしっかり後輩に指導しているように見えたのでしょう。その年の人事評価では、役員の言葉も一助になったのか、後輩育成力の項目において最高点をつけてもらうことができました。

もしも役員グループをCCに入れず、フィードバックメールを共有するのが直属の上司までだったとしたら、私の頑張りは役員の目に触れず、評価に結び付くこともなかったかもしれません。

なおCCは「念のため見ておいてください」というくらいの軽い意味あいで使われるもので、返信の義務などはありません。上司は軽く流し読みをして状況を把握するだけでよく、ほとんど負担にはならないので、安心してCCに入れてしまって大丈夫です。

ただ、まれにCCでメール量が増えることを嫌がる人もいるので、これまでCCに入れていなかった人を新たに追加する場合は、あらかじめ相手に「〇〇さん、何かあったときに見ていてほしいので、クライアントとやり取りする際CCに入れさせていただきますけど、基本スルーでかまいませんので、よろしくお願いします」などと断りを入れておけば、相手を不快にさせることはありません。

11 上司がダメなら、さらに「上」の上司を利用せよ

多くの会社員にとって上司といえば直属の上司であって、そのさらに上の上司となると、雲の上とまではいかなくても「自分とは関係のない人」という認識かもしれません。

しかし会社組織では上の人ほどパワーを持っているので、メールのCCに限らず、日頃から積極的に関わりを持っておいた方が何かと得をします。でも、「こういう企画をやりたいです」でも「給料を上げてください」でも、**直属の上司では通らないことが、その上に直訴すると意外にすんなりOKしてもらえるというのはよくある話**です。

特に直属の上司がパワハラ気質で困っているようなときは、「上司の上司」の権威をうまく利用するようにしてください。パワハラ上司本人を何とかしようとしてもうまくいく可能性は低いので、そのさらに上の上司にメールなどで相談するのです。上司の上司から

すると〝下の者〟の意見をくみあげることも重要な評価軸の1つなので、そうそうむげにはできず、何らかの対策を講じてくれるはずです。

私も新人時代、配属先の部署でお局様に目をつけられ、ひどい仕事の振られ方をしたことがありました。そこで、彼女よりさらに上のマネージャーに状況を報告したところ、2人の間でどんなやりとりが交わされたのかはわかりませんが、翌週くらいからお局様の意地悪はピタッとなくなりました。

このような告げ口を「卑怯だ」と感じる人もいるかもしれませんが、「いざとなれば、あなたより上の人のところに行きますよ」と圧力をかけた方がいい場面は多々あります。特にパワハラ系の上司に対しては、この手のハッタリが一番効きます。

パワハラ対策でなくとも、上層部と仲良くなっておいて損はありません。

私のクライアントに、大手コンサル会社の役員を経て外資系PR会社の社長に就任したAさんという人がいます。彼に「なぜそんなに爆速で出世できたのか、秘訣を教えてほしい」と尋ねたところ、**「上司の上司とランチをすることだ」**という答えが返ってきました。

職場に新しく人が入ってくると、多くの会社では、同僚や上司と親睦を深めるためにランチ会を開きます。ただし、そうしたランチ会に列席するのは直属の上司までであって、部門のトップなど、さらに上の上司が参加することはめったにありません。

そこでAさんは、転職や異動で新しい職場に行くたびに上司の上司の席へ行って「新しく入ったAと申します。直接仕事でご一緒することはないかもしれませんが、同じ部署で働かせていただきますのでよろしくお願いいたします」と軽く挨拶をし、「もしよろしければランチをご一緒できませんか」と自分から誘っていたそうです。

直属の上司ならともかく、上司の上司のところまで行って自力でパイプを作るなどという力業は、ふつうの人はまずやらないでしょう。でもたしかに、最初にそうやって挨拶をしておけば、少なくとも顔と名前は確実に覚えてもらえます。**Aさんはその関係性を足掛かりとして、自分の企画を通したいとき、会社に要望があるときなどは上司の上司に直接メールで打診し、次々と自分の意見を通して出世を果たしていった**そうです。

12 ワンマン会社なら「社長の威」を借りるハッタリ力を使え

上司がダメならその上司——。その究極形は、社長と親密になって社長の権威を借りることです。特にワンマン社長が経営する中小企業の場合は、社長さえ押さえてしまえば、どんな話でも意のままに通せます。

「中小企業では」と申しましたが、**大手企業でも、社長への直訴は意外に有効**です。実を言えば私が楽天時代に企画した「熊本買って応援企画」もそのパターンで、被災地のために一刻も早く企画を実現したかった私は、マネージャーも部門のトップもすっ飛ばして三木谷社長に直接メールで企画書を送りつけました。すると、ものの5分、10分後には社長から「いいね、やろう！」とゴーサインが出され、私はその言葉を印籠にして「もう社長のオッケーが出たので僕やりますね」とガシガシ企画を進めていったのです。

このときなぜ三木谷さんが私のような末端社員のメールを目にとめてくれたかというと、企画内容やメールの書き方がよかった（ハッタリが利いていた）というのもあるでしょうが、一番の理由は、暇だったからでしょう。「三木谷さんクラスの社長なら超多忙に違いない」と思うかもしれませんが、日系の大手企業の社長は自分で業務を持っていないことがほとんどなので、ときどきポッカリ予定が空いて時間を持て余していることがあります。そのタイミングなら、むしろ喜んで社員からのメールを見たり面会してくれたりするのです。

それなのに日本では「ヒラの社員が社長に何か言うなんて恐れ多い」と考える人が多いため、社長はなかなか若手社員と接点を持つことができません。本当はもっと若手社員と関わりたい――より正確には「若手社員の声を吸い上げてオッケーしてあげる、懐の深いオレ」を演じてみたいのに、**そういう機会に恵まれず物足りなさを感じている社長はとても多い**のです。

三木谷さんも社内の朝礼で毎回のように「何かあれば私にメールして」と言っていましたが、実際にメールを送る人はいなかったようで、そのうち「こんなに言ってるのに誰もメールしてこない！」と嘆くようになりました。本当はもっと若手に構ってほしいのに、誰も絡んでこない。本当は「うちには社長に直訴するほど熱意ある若手がいる」と思いたいし、「そんな若手を認めてあげる、おおらかでいい社長」の役をやってみたいのに、それが叶わずさみしく思っていたのでしょう。私の企画が即採用された背景には、そんな三木谷社長の心理があったと推察しています。

だから皆さんも、社長のそういう欲求をちゃんと利用してあげた方がいい。**社長はいつだって下の社員からの提案に飢えているし、社長に直訴するくらいハッタリの利く若手を見つけて抜擢してあげたいと思っているもの**なのです。

少し前に経営者の交流会で知り合った証券トレーダーのBさんも、社長に直接コンタクトを取ってチャンスをつかみとった人でした。

彼は若いうちからトレードに興味を持ち、実際に15歳くらいから投資を始めてかなりの実績を上げていたらしいのですが、学歴がなかったため正規のルートでは証券会社に就職することができず、かろうじて派遣の電話オペレーターとして大手証券会社にもぐりこんだそうです。

その会社の社長は『三国志』のファンで、特に軍師・諸葛孔明が主君に対してズバズバ意見するエピソードが好きだと、自著の中で公言していました。そのことを知ったBさんは、正社員ですらない末端の立場であるにもかかわらず、社長に「今のこの情勢でこのトレードは間違っている」「今の会社組織はここに問題がある」といったメールを毎日のように送り続けました。すると、ある日とうとう社長からBさんの部署に「コイツは一体なんなんだ？」と探りが入り、直接会って話せることになりました。Bさんはその好機を逃さず「社長がお好きだと言っていた孔明のエピソードになぞらえて、失礼かとは思いましたがあのようなメールを送らせていただきました。私は親の借金を返すために15歳からトレードを始め、20歳までに3億円稼いで借金を完済した実績があります。トレードへの知識や熱意は誰にも負けないので、ぜひこの会社でトレーダーをやらせてください！」というような話をしたそうです。

結果、Ｂさんは電話オペレーターからトレーダーに異例の抜擢をされ、異動後はめきめき実績を上げて、独立した今も大きな成功をおさめています。

彼が勤務していたのは日本屈指の大手証券会社ですが、**そんなお堅い会社の社長でも、やはり末端社員からのメールに目を通し、提案に耳を傾け、「心の広い社長」を演じたいという気持ちがある**のです。

第3章

自分自身のプロデュースもハッタリで切り抜けろ

1 SNSを日記と勘違いするな。「弱音」や「感想」を吐くのはお門違い

あなたは普段から「セルフプロデュース」を意識して仕事をしていますか？

自分の成果や貢献の度合いを可視化し、上司やクライアントにアピールしようという意識がある人と、自分を売り込もうという発想がないまま仕事をしている人とでは、同じくらいの成果を出したとしても、評価に雲泥の差が生じます。

さらに言えば、日頃からセルフプロデュースを意識していたとしても、**「等身大の自分を評価してほしい」という考えでは、大した評価は得られません。**最高でも、自分の実力相応の評価しかしてもらえないからです。

その点、ハッタリ力がある人は違います。セルフプロデュースにおいても、ありのままの自分ではなくワンランク上の人間に見えるようにプロデュースしていくから、ワンランク上の人材としての評価・報酬を得られるのです。

セルフプロデュースの方法はいろいろありますが、今の時代、**自分を効率よく売り出そうと思ったら、SNSを使わないという選択肢はありません。**経営者やフリーランスはもちろん、一般の会社員でも、SNSの素養があれば自分の市場価値が高まり、チャンスが広がります。

かくいう私もYouTubeで21万人、X（旧Twitter）で4万人、LINEで1・4万人、そのほかTikTokなどで2万人、合計27万人ほどのフォロワーを抱えており、SNS経由でも多くの仕事が舞い込んでいます。

一方、同じくらいSNSに力を入れている同業者でも、フォロワーがまったく伸びない人や、フォロワーが増えても仕事に結びつかない人がいます。原因は、彼らがSNSの使い方を根本的に勘違いしているからです。

ビジネスパーソンにとってのSNSは、ハッタリで「キャラ」を作る場です。趣味や交流が目的という場合は別ですが、ビジネスを有利に進めるためにSNSを使うなら、やるべきことはただ1つ。**「こう思われたい自分」のキャラを設定し、そのキャラにふさわしいコンテンツを発信すること**です。

それなのに、ほとんどの人は「等身大の自分」でSNSに出てしまう。特に多いのがSNSを日記だと勘違いしているパターンで、「きょうは会社近くのラーメン屋で味噌ラーメンを食べました」とか「きょうも仕事を頑張りま〜す」とかいうような、心底どうでもいい情報を発信してしまう。残念ながらこの方向性では、どれだけ頑張って更新してもビジネスチャンスは生まれません。

「等身大の何が悪い。売れっ子インフルエンサーの何某さんだって等身大で本音トークをしているじゃないか」と思った方は、まさに何某さんのハッタリに飲み込まれています。

一見すると等身大でやっているようなアカウントでも、売れている人の場合は間違いなく「キャラ」を演じています。等身大で本音トークをしているインフルエンサーは「等身大で本音トークをするキャラ」という設定で運営しているのであって、本人が思ったことをそのまま垂れ流しているわけではありません。

そもそもSNSの投稿だけで自分のすべてをわかってもらうことなど無理に決まっています。だから**SNSでは「等身大の自分」を見てもらおうなどとは思わず、「自分の中にある一部分」だけを出すキャラ設定にして、そのキャラが言いそうなことや、好みそうなテーマだけを発信する**ようにしてください。

「イケイケのカリスマ社長」というキャラを設定したならば、景気のいい話や強気な意見だけを投稿し、「きょうは取引先でこんな嫌なことがあった」「人生つらい」といったキャラに合わない弱音は吐かないようにするのです。

2 SNSではあえて「物議を醸しそうなテーマ」に切り込め

ＳＮＳ上でどんなキャラを演じるかは自由ですが、**「賛否が分かれそうなテーマ」や「業界内でタブー視されているテーマ」について自分の考えを明確に述べるキャラは非常にバズりやすく、一気にフォロワーを増やせる可能性があります。**序章でも述べたように、日本人はマツコ・デラックスさんや有吉弘行さんのような、一般の人が口にできずにいることをズバズバと言ってくれる人が好きだからです。

たとえば出版業界では最近、ＣｈａｔＧＰＴへの対応が話題になっています。ＣｈａｔＧＰＴを使うべきか否か、使うとしたらどのレベルまで使うのか。意見は人によってさまざまで、積極的に使うべきと言う人もいれば、ＡＩに頼りすぎるのは危険と考える人もいるため、大多数の人は「今このタイミングでへたなことを言うと反対派から叩かれそうだ」と自分の立場を明確にしていません。そんな中〝令和のカリスマライター〟というキャラ設定の人が「これからの時代、原稿はすべてＣｈａｔ　ＧＰＴに書かせて人間はそれをコントロールするだけでいい。ライターは文章を書く仕事ではなくなっていく」と発信したら、きっとめちゃくちゃ伸びると思います。

もちろん反発の声も届くでしょうが、**物議を醸す発言は拡散性が高い**ので、仕事を発注する側の人の目に留まって「この人なんだかおもしろそうだから、一度仕事を頼んでみようかな」という話になる可能性も大いにあります。これがもし「きょうはランチで何々を食べた、おいしかった」みたいな投稿だったら、絶対にそんなことは起こりません。

私がＳＮＳで今まで一番バズったネタは、日本のコロナ対策への問題提起でした。Ｘでは万バズのネタが20本近く当たり、ＹｏｕＴｕｂｅの動画も数十万回再生されました。

なぜそこまで反響があったかというと、当時はコロナ対策のためにひたすら自粛するのが当たり前で、従わないヤツは非国民という空気が日本中を包み込んでいました。そんな中、経営者というそれなりの立場にある私が「こんなふうに経済を止めたらむしろ経済で人が死んでしまうじゃないか！」と声を上げたら一気に拡散され、ものすごくフォロワーが増え、ほかの経営者から「言いにくいことをよくぞ言ってくれた！」という声も多くいただけたのです。

このような**〝思想を持ったフォロワー〟を獲得することこそ、経営者がSNSを立ち上げる最大の目的**と言ってもいいかもしれません。私の場合は、コロナ対策への考えに共感してくれた中小企業の社長から、コンサルティングやプロデュースの依頼が何本も入りました。仮に、そのように即仕事につながらなかったとしても、次に本を出版したときに買ってくれたり、クラウドファンディングを支援してくれたりと、思想を持ったフォロワーは、長期的に強い味方になってくれるはずです。

また、SNSでハッタリの利くキャラを演じることは、経営者やフリーランサーだけではなく、会社員にとっても有益です。なにしろ現代は副業時代なので、**〝思想を持ったフォロワー〟がついていれば、会社員をやりながら起業家に近い活動もできるようになる**

でしょう。

余談ですが、コロナネタでバズったことで思わぬ余得もありました。投稿を見た出版社から声がかかり、コロナ問題をまとめた書籍を出版することになったのです。これまでビジネス書は何冊も出してきましたが、社会問題にダイレクトに切り込む書籍は初めてで、本当に読んでもらえるか不安もあったのですが、XとYouTubeで告知しただけで3日間で1・2万部も売れ、Amazonの総合ランキングで3日間連続1位になるという、かなりの売れ行きを記録することができました。

3 アンチは無視一択。変に絡むとせっかくのキャラが崩壊する

ＳＮＳで物議を醸すようなネタを投稿していると「炎上しませんか？」「仕事に悪影響があるのでは？」などと心配されることがありますが、結論から申し上げると、**炎上も悪影響も一切ありません。**それは私自身のアカウントだけではなく、これまでＹｏｕＴｕｂｅプロデューサーとして運営をサポートしてきた２００社以上のチャンネルすべてに言えることです。

そもそも炎上や風評被害というのは、世間の人が思っているほど頻繁に起きるものではありません。自分とは違う意見に対して否定的なコメントを付ける人はいますが、彼らとて会社をつぶしてやろうとか、徹底的に嫌がらせをしてやろうとか、そこまで強い悪意を持ってやっているわけではなく、単に頭に浮かんだことをそのままつぶやいているだけの

話です。それをいちいち「炎上だ！」と大騒ぎするのは間違っています。

頭に浮かんだ悪口を何気なしに発言するというのは昔からあったことで、私が小学生の頃は、父親がテレビを見ながら「このタレントはこんなことも知らないなんてバカだなあ」などとつぶやくことがよくありました。**SNSに蔓延する悪口というのは、そんな他愛もないお茶の間のつぶやきが可視化されただけのこと**で、深い意味はありません。それをおもしろがって「炎上だ」と騒ぎ立てる人もいるけれど、よっぽどのことがない限り実害はないので心配は無用です。

もう1つ覚えておいてほしいのは、**どんなSNSでもフォロワーが1万人を超えるくらいのバズを出すと、5～10％くらいは必ずアンチコメントになる**ということです。たとえば「から揚げが好きです」という何てことのない発言に対しても「から揚げが好きなんて言ったらトンカツ屋が悲しむだろう、営業妨害だ！」とケチをつける人が必ず出てきます。この手のアンチは発言内容の良し悪しにかかわらず必ず出てくるものなので、まずは「そういうものだ」と割り切って、いちいち気に病まないようにしてください。

アンチが発生したとき、もっともやってはいけないのは「反論」です。

これをやると、せっかくハッタリで築いてきたSNS上のキャラが崩壊してしまいます。「コイツおもしろくねえな」というコメントに対して「そういうあなたもおもしろくないよ」と言い返したりすると、「格下と対等に言い合いをしている人」というイメージになって、一気にカリスマ性が失われるのです。

SNSでアンチコメントに反応するということは、たとえるなら世界的なプロボクサーであるメイウェザーが、道端でちょっかいをかけてきた中学生に本気でキレてパンチをお見舞いするようなもの。そんな姿を見たら、長年のファンでも「中学生相手に大人げない」「なんて器の小さい男だ」と失望することでしょう。

格下相手に本気になるのはみっともない――。リアルな世界で想像すれば誰でもわかることなのに、なぜかSNSだとアンチと同じ土俵に乗ってしまう人が少なくありません。そんなミスをしてフォロワーに幻滅されないよう、アンチが出てきたら静かにブロック作業をするということを、早くから習慣づけるようにしてください。

4 見込み客に「理念」を語るのはナンセンス。相手が見たいのは「実績」だけ

ホームページやSNSのプロフィールに、あなたはどんな情報を載せていますか?

経営者にしてもインフルエンサーにしても、**多くの人がやってしまいがちな間違いが、自分の「理念」や「想い」を真っ先に伝えようとすること**です。たとえば寝具メーカーの社長なら、プロフィール欄で「皆さまに快適な睡眠と笑顔をお届けするために布団を作っています」というようなことを語るといった具合です。

これは完全なる愚策です。1対1で会ったときに熱く想いを語るならまだしも、ネット上で企業理念をつらつら語ったところで、共感してくれる人は1000人に1人もいないでしょう。なぜなら中小企業の社長が何を考え、どんな想いで事業に取り組んでいるかな

んて、ふつうの人は誰も興味がないからです。

中小企業のホームページやＳＮＳをわざわざ見に来る人の主目的は、その会社の商品やサービスがどんなもので、取引先として信頼できそうかどうかを調べることにあります。彼らが知りたいのは理念ではなく「実績」一択なので、**ホームページでは自社の商品やサービスがどれだけ売れているのか、社長がどれほどスゴイ人なのかを、具体的な数値やビジュアルを交えてドカンとまとめておくのが一番**です。

私も独立した直後は、人に会うたびに「自分はこういう会社を作って、こういうサービスを提供して、こんなふうに社会を変えていきたいんです！」ということを熱弁していました。ところが、次に会ったときにそれを覚えてくれていた人は誰もいませんでした。唯一みんなが覚えていたのは「楽天出身の人」ということだけでした。

つまり人というのは、**権威に裏付けられた、わかりやすい実績にしか興味がない――。**身も蓋もないけれど、それが世の真実なのだと悟った瞬間でした。

以来、私は初対面の人に理念を語るのはやめにして、「楽天出身です」「史上最年少で楽天スーパーＳＡＬＥのプロデューサーになりました」といった話だけをするようにしました。すると「すごいですね！」「うちのＥＣのコンサルをお願いします」という感じでトントン拍子に受注が取れるようになっていったのです。

なお、「自分にはアピールできるほどの実績がない」と思う方は第２章を読み返してください。どんな仕事も数値化しようと思えばできるし、たとえ微々たる実績でも、月単位や年単位で集計すれば立派な数字に化けてくれます。胸を寄せて上げて谷間を作るように、**これまでの実績を総動員して「立派に見える数字」をひねり出す**のです。

5 人は権威やメディアに弱い。存分に活用して錯覚させよ

ホームページやSNSでは実績をアピールすべきだと述べましたが、**ハッタリ上手な会社は、その実績を「他人の口」から言わせます。**自分で自分がいかにすごいかアピールするよりも、他人、それもできれば権威ある人やメディアからすごさを語ってもらった方が、はるかにハッタリ効果が高いからです。

当社ホームページを例に挙げると、「代表プロフィール」には楽天時代から現在に至るまでの実績をこれでもかと列挙しています。プリントアウトすればA4用紙で30ページ以上になるボリュームですが、ビジュアル中心で構成しているため、ざっと流して見るだけでもどんな仕事をしているかがわかり、しかも「この人はすごそうだな」という印象が残ります。

「すごそうだな」と思わせることができるのは、ビジュアルの大半が、自分が出演したテレビ番組のキャプチャーや、自分が出版した書籍の紹介記事だからです。これらを大量に見せることで、「大原社長はテレビで何回も取り上げられている売れっ子だ」「本も何冊も出していて、しかも各所で話題になっている」というイメージが強烈に残る仕掛けになっています。

「メディアが取り上げてくれるかどうかなんて、ほぼ運じゃないか」と思った方は、認識を改める必要があるでしょう。**メディアに取り上げられる人や企業というのは、たまたま運よく取材されたわけではなく、取材されるための努力や工夫をしている**のです。

まず**絶対にやっておかねばならないのは、ホームページやSNSを開設すること**です。テレビや雑誌の編集者は基本的にネットで情報収集するので、ホームページやSNSを持っていないと、そもそも発見してもらうことができません。

次にやるべきは、ホームページやSNSにこれまでの実績をわかりやすくまとめておくことです。私がテレビに出ることになったのも、私の本を読んで興味を持ってくれたテレビマンが、代表プロフィールの実績を見て「この人なら安心だ」と判断して連絡をくれたのが最初のきっかけでした。もしも私がプロフィールで理念ばかり語っていて、具体的に何がどうスゴイ人なのかが一発でわからなかったら、多忙なテレビマンは「もういいや、別の人を探そう」となっていたでしょう。

また、一連のメディア対策が実を結んで**何らかのメディアで紹介されたら、必ずその情報をプロフィールに追加しておいてください。**どこかのメディアに登場したということ自体が反社チェック、すなわち「身元が確かである」ことの証となり、さらなるメディア対策になるからです。

というのも、たとえばテレビで有名になった社長が逮捕されたり、問題を起こしたりしたとき、その社長を取り上げていたテレビ局が1社だけだと「○○テレビも共犯みたいなものじゃないか」と言われかねませんが、いくつものメディアに出ていれば「××テレビや△△新聞にも出ていたから、ウチの責任じゃない」と言い逃れができます。だから**メディアは、他社で出演実績がある人に好んで声をかける傾向にある**のです。おそらく私にオファーが来たときも、テレビ局内では「この大原という人は他局の番組にも出ているし、本も出しているから大丈夫だろう」といったやり取りがなされたことでしょう。

取材候補者がどんなテレビに出ていたか、あるいは出ていないのかを、テレビ局のスタッフが調べるのは非常に手間がかかります。だからこそホームページやＳＮＳにメディア出演の実績をまとめておき、名前で検索したときに簡単に見つかるようにしておけば、取材班の手間を省いてあげることができ、メディア出演の機会がさらに増えるのです。

6 テレビの権威を借りる奥の手。地方局には「お金で買える枠」がある

日本人は権威に弱いので、**メディアの中でももっとも権威があるテレビに出演すると、さまざまな面で恩恵を受けられます。**

まず、**信頼度が上がります。**単に「YouTubeプロデューサーをやっている」というよりも、「YouTubeプロデューサーとしてフジテレビの『全力！脱力タイムズ』に出演した」という方がはるかにすごさが伝わるし、メインキャスターの有田哲平さんと並んで写る番組キャプチャーを添えておけば、さらに強い印象を残せます。

また、**知名度や注目度も上がります。**テレビに出た後はサイトへのアクセスが10〜20倍くらいに激増し、SNSで「この番組に出ました」とつぶやけば、普段の10倍は「いい

ね」がもらえます。

このようにテレビ出演の効果は絶大で、特集などで大きく取り上げてもらえばその広告効果は5000万円相当とも言われています。プロフィールの編集など、誰でもできる地道な作業が5000万円に化ける可能性があるなら、やらない理由はないでしょう。

手っ取り早くメディア実績を作りたいなら、**地方局の「枠を買う」という方法もあります。**キー局ではあまりないけれど、地方局では、お金さえ払えば番組で大きく取り上げてもらえることがあるのです。

たとえば千葉テレビの『ナイツのHIT商品会議室』という30分番組があります。中小企業の社長さんが「どうすればうちの商品がヒットするか」と相談を持ち掛け、お笑い芸人のナイツがああでもない、こうでもないと意見を述べる内容です。

実はこの番組の出演枠は購入することができるのです。しかも中小ベンチャー企業でも手が出せる予算感です。ということは、この番組に出演している企業はお金を払って自社の商品・サービスを取り上げてもらっているわけですが、大部分の視聴者はそんなことは知らないので、「さすがテレビに出る会社は違うな」「ナイツが提案したこの商品はよさそうだな」なんて思いながら見てくれるのです。

それだけではありません。番組内でナイツやゲスト芸能人と相談しているシーンのキャプチャー画像を、自社のホームページや商品ＰＯＰなどで自由に使えるのも大きなメリットです。出演枠をお金で買えるというカラクリを知らない大多数の人からすれば、「あの芸能人とテレビに出たなんてスゴイ！」ということになり、ブランディングやコンバージョンの向上につながります。

テレビだけではなく雑誌やＷｅｂメディアでも、ふつうの記事のようでいて実はお金を払って書いてもらっているＰＲ記事がたくさんまぎれています。ニュースピックスのような経済系メディアも例外ではなく、１００万円程度のＰＲ料を払ってヨイショ記事を書いてもらえば、知名度アップに加えて採用イメージの向上も期待できます。

そう考えると、**メディアに出るための数十万～100万円程度の投資は決して高額ではなく、むしろ広告にくらべたら割安**と考えることもできます。

しかも、最初だけ予算を出して出演枠を買い「テレビに出ました」という実績を作ってしまえば、次からは、お金を払わなくても向こうから「うちの番組にも出てくれませんか」と声がかかる可能性が高まります。メディアというのは、**出れば出るほどハッタリになり、さらなる出演依頼が舞い込むようになっている**のです。

地方のテレビ局やＴＯＫＹＯ ＭＸなどは、二次利用ＯＫのテレビ出演枠をさまざまな番組で広告パッケージとして売り出しているので、ぜひ活用してみてください。

会社の商品や社長を積極的に出演させて、ハッタリの加速とブランディングにつなげていきましょう。

7 成功していない段階だからこそ「成功者」としてふるまえ

ハッタリの基本は「武士は食わねど高楊枝」で、**現実は仕事に困ってカツカツだったとしても、表面的には売れっ子で成功しているかのようにふるまう必要があります。**まだ成功していないコンサルタントと、すでに成功しているコンサルタント、どちらに仕事を頼みたいかと言ったら、圧倒的に後者が選ばれるからです。

だから私は、独立したばかりでまだ何の実績もない頃から成功者のようにふるまっていました。新幹線で移動するときも、節約のために普通車に乗りたい気持ちをぐっとこらえ、乗りたくもないグリーン車に乗って「きょうもグリーン車で出張です」という写真をSNSに投稿したりしていました。当時の私には痛い出費でしたが、人はビジュアルに弱いので、こうしたハッタリ画像を継続的に投下していると「この人は独立したばかりなのに売れているんだな」というイメージがついていきます。今の私が相場より高いフィーでコンサルティングや撮影の依頼をいただけるようになったのも、こうした地道なハッタリを積み重ねてきたからにほかなりません。

反対に、ある程度成功してから「きょうもグリーン車です」のような投稿をすると「いけ好かないヤツ」と思われるので注意してください。**成功していることが周知の事実になったのであれば、成金っぽさは封印して「ふつうの人」を演出した方が、好感度が上がります。**たとえば〝投資の神様〟ウォーレン・バフェットはマクドナルドが大好きで、億万長者になった今でも毎朝マックのハンバーガーを食べているという話は、多くの人の共感を呼んでいます。あるいは、大手企業の社長が今でも初心を忘れずに電車で通勤していると聞けば、誰しも「庶民感覚がわかるいい社長だ」と好印象を持つでしょう。

つまり**ビジネスの世界でハッタリを利かせたいなら、成功していない人ほど成功者のようにふるまい、成功者ほど庶民感を出すのが正解**ということになります。

私も最初のうちこそ「お金持っていますアピール」をしていましたが、今はもう会社が軌道に乗っていることは周りの人はみんなわかっているので、最近は徐々に「庶民ですアピール」を増やすようにしています。実際、インスタで「サイゼリヤの骨付きチキンめっちゃ好き!」といった投稿をすると、「大原さんでもサイゼ行くんですね」とやたら反応がよかったりするのです。

8 世の決裁者は本を読む世代。本を出せばそれだけで「先生」扱いされる

一般的に、企業内で決裁権を持つ社長や幹部社員は40～50代が中心です。それに対し、独立したときの私はまだ20代後半。百戦錬磨の社長たちから見れば新卒に毛が生えた程度のヒヨッコで、いくら楽天で華々しい実績を上げてきたとはいえ「こんな若造に何ができるのか」と思われても仕方がない立場でした。

けれども私は、10～20歳以上も年の離れた社長たちから信頼・尊敬されることに成功し、「ぜひ大原さんにお願いしたい」と言わせて多くのコンサル契約を勝ち取ってきました。また、最初にテレビ出演のオファーをくれたフジテレビのディレクターも50歳くらいの人でした。

20代の若造に、40～50代の社長やテレビマンが「お願いします」と頭を下げる――。な

ぜ、そんな魔法のようなことが起きたかというと、**一番の理由は「出版」というハッタリを使ったから**です。

若者の活字離れが叫ばれて久しい昨今ですが、私にお金を出してくれるかどうか決める40～50代はまだまだ本を読む世代です。ネットやＳＮＳも使うけれど、本は別格であって「本はとにかくタメになる」「本を出している人はすごい」と思っている人が多くいます。そんな**活字信仰の世代には、ビジネス書の著者であるというハッタリがめちゃくちゃ効く**のです。

私が１冊目の本を出したのは、独立した翌年のことです。経営者としては未熟で、まだ成功しているわけではなかったけれど、だからこそ出版は私にとって大きな武器になりました。楽天時代に学んだＥＣノウハウをまとめたその本は、決裁権を持つ世代にも広く読まれ、本経由での受注が２年間で２５００万～３０００万円分くらいありました。

本経由で受注が入るということは、営業努力が不要で、なおかつクライアントへの教育も最小限で済むということを意味します。本経由で問い合わせてくれる人は当然私の本を読んでいて、基礎的な考え方やノウハウを理解しているので、無駄なコミュニケーションが発生しないのです。

しかも相手は私のことを「独立したばかりのヒヨッコ」ではなく「ビジネス書を出している偉い先生」として認識しているので、相場の2倍で見積もりを出してもあっさり通ってしまう。当時の私はまだまだ若く、社長としての実績なんてほとんどないにもかかわらず、本を出したというだけで相場より高いフィーをいただけてしまうのです。

本経由ではない一般ルートからの受注で、相手が私の本を読んでいない場合は、最初の商談のときに名刺代わりに本をお渡しします。たとえばＹｏｕＴｕｂｅコンサルを引き受けるときは、ＹｏｕＴｕｂｅのノウハウをまとめた自著を「よろしければ事前にお読みください」といって差し上げます。そうすれば、基本的なことを説明する手間が省けるし、相手は「うわっ、本を出しているなんてすごい人だな」と思ってくれます。コンサルというのは相手に信頼されてなんぼの商売なので、**「すごい人だな」と思ってもらえた時点で仕事は半分成功したようなもの**です。

9 無名の人でも「商業出版」ができる、知る人ぞ知るルート

出版の良さがわかっても「自分には無縁の世界」と思った方も多いかもしれません。

でも実は、出版というのは世間の人が思っているほどハードルが高いことではなく、無名でも、実績がなくても、キャリアが浅くても、本を出して「先生」になることはできるのです。

といっても自費出版をすすめたいわけではありません。自費出版はたしかにお金さえ払えば誰でも本を出して著者になれますが、一般書店に本が並ぶことはないし、「しょせん自費出版でしょ」と思われてしまうため箔が付かず、ハッタリ効果も期待できないからです。**セルフブランディングのために本を出すのであれば、出版社が諸費用を負担し、でき**

た本がちゃんと書店に並ぶ「商業出版」でなければ意味がありません。

商業出版をするには、ざっくり言って3つのルートがあります。

1つは出版社からのスカウトですが、出版社から「本を出しませんか」とスカウトされるのはごく一部の成功者に限られます。ビジネス畑ならホリエモンや青汁王子クラスの有名人、あるいは100万人級のフォロワーがついているインフルエンサーくらいでないと出版社から声がかかることはありません。

2つ目は、自分で企画書を書いて出版社に持ち込む方法ですが、これも〝せんみつ〟といって1000件に3件しか通らないほどの狭き門なので、まったくの素人が企画を持ち込んだところで、採用される可能性はほとんどありません。

私がおススメするのは3つ目のルートである「出版スクール／出版塾」で、無名の一般人がハッタリで商業出版するならこのルートしかないと断言してもいいくらいです。

出版スクールとはその名の通り、出版テーマの探し方から企画書の作り方、原稿の書き方まで、出版に必要なすべてのノウハウを教えてくれるスクールです。具体的なカリキュラムやサービスは運営元によってさまざまですが、出版社とのコネクションを駆使して編集者との面談まで確約してくれるところでは、受講生の半数くらいが出版を実現しています。ベストセラー作家のこんまりさんも出版スクールの出身ですし、私自身も最初はスクールで出版社の編集者を紹介してもらい、商業出版を実現することができました。

出版スクールの受講料は数万円~100万円程度です。これを高いと感じるか安いと感じるかは人それぞれでしょうが、私の場合は本経由だけでトータル3000万円ほどの受注がありましたし、本を出したことによってメディアに取材され、仕事の幅も広がったので、モトは十分に取れました。**出版は、もっともコスパよくハッタリを利かせることができる投資先**だと思っています。

「自分には本を出せるほどの知識やノウハウがない」と思う人もいるでしょうが、心配は無用です。なぜならビジネス書の読者は、必ずしも超一流のノウハウを求めているわけではないからです。一般の人にとっては、柳井正さんの経営哲学よりも、ユニクロ店長の仕事術の方が身近でタメになったりするのです。

知識のレベルも高くなくても大丈夫です。その業界の人にとっては当たり前の知識でも、ほかの業界の人からすると目新しく興味深いということはよくあるので、切り出し方次第で十分に1冊の本になります。私が出した最初の本も、内容の半分くらいは楽天市場に携わる人なら誰でも知っているような常識でしたが、読者の方からは「知らなかった」「タメになった」という感想を多くいただきました。

数年前にディズニーランドの接客術について書かれた本がヒットしましたが、それを書いたのはディズニーの重鎮ではなく、(失礼な言い方かもしれませんが) 単なる元アルバイトの人でした。そんな本でも、ディズニーランドの内情をまったく知らない人にとっては興味深いわけですから、たとえ今の会社で1年しか働いていなかったとしても「○○業界の仕事術」といった本を書くことは十分にできるのです。

10

スケジュールは小出しにして「売れっ子アピール」をせよ

私はECコンサルタント兼プロカメラマンとして独立し、その後、YouTubeプロデュースや富裕層向け物販などにも事業の幅を広げてきました。出版戦略が当たり、メディアへの露出が増えたこともあって会社は順調に成長していますが、独立直後から順風満帆だったわけではありません。1冊目の本が世に出る前はあまりいい仕事に恵まれず、暇を持て余す日もありました。

しかし、そんなときでも**私は「多忙な売れっ子」としてふるまうことだけは忘れませんでした。**将来的に売れる人と売れない人の一番の違いはここで、売れていない会社の社長や駆け出しのフリーランサーは「暇だから、いくらでも相手に合わせられる」ことをプラスの材料だと勘違いしがちです。

たとえば新規のクライアントから問い合わせがあり、一度打ち合わせをしましょうという話になったとき、売れていない人は当然スケジュールもめちゃくちゃ空いているので「○月×日から△日までの2週間ならいつでも大丈夫です」などとメールしてしまいます。本人としては「スケジュールに余裕がある」イコール「丁寧に仕事ができる」「柔軟に対応できる」ということをアピールしたいのでしょうが、相手は「えっ、そんなに暇なの。この人売れてないんだな。発注やめようかな」と思ってしまいます。また、運よく受注できたとしても、「この人は暇そうだから、これくらいの修正すぐやってくれるだろう」と無茶な要求をされる可能性が高くなります。

だから私は**スケジュールがガラ空きだったとしても、打ち合わせ日時の候補は2〜3個にとどめて「このいずれかの日時でお願いしたいです」と伝えるようにしていました。**そうすると相手は「この人は予定が詰まっているんだな。売れていて安心感があるな」と思い、安心して発注してくれるのです。

「候補日を2、3個しか出さず、相手と予定が合わなかったらどうするのか」と思うかもしれませんが、その場合は改めて「ではこの日はどうでしょう」と相談すればいいだけの話です。最初の打ち合せ日時の調整がうまくいかなかったくらいで仕事が流れることはまずないので、どうぞご安心ください。

11 初回はあえて遅く返信するか、秘書に返信させせよ

第2章で、メールに爆速で返信するというハッタリ術をご紹介しました。この技術は上司や付き合いの長いクライアントに対しては絶大な効果を発揮しますが、**新規の見込み客からの問い合わせに爆速で返信すると、かえって評価を落とすことになるので注意してください。**

たとえば「ホームページを拝見して貴社のサービスに興味を持ちました。資料請求お願いします」といったメールが来たとして、「うわ、めっちゃ嬉しい！」とばかりに即反応するのはご法度です。初回の返信があまりにも早いと「こんなに早く返事が来たということは、この会社はよっぽど仕事が欲しいんだな。じゃあ値引き交渉してみよう」などと思われて、交渉のとき上位に立たれてしまいます。

だから引き合いのメールが来たとしても、嬉々として即答するのはやめましょう。**必ず半日から1日は時間を置いて返信し、相手に「たくさんの問い合わせの中からやっとウチに返信してくれたんだな」と思わせるような演出を心がけてください。**それだけで信頼の度合いが大きく違ってきます。

時間を置いて返信する以外では、**秘書にメールを返信させるのもいい**でしょう。といっても、本当に秘書を雇う必要はありません。私もそうでしたが、独立直後はスタッフを雇わず1人でやっている人が多いと思います。その場合は、あらかじめ秘書用のメールアドレスを用意しておき、初回の問い合わせにはそのアドレスで返信するようにすると、「秘書を雇うほど余裕がある会社」と思われて、次に会うときの箔付けになります。

この**1人2役作戦は、営業以外でも使えます。**たとえば請求書を送ったのに先方が期日どおりに振り込んでくれないとき、社長みずから連絡すると「そんなことまで社長がやっているのか」と思われてしまうので、経理担当者の名前で催促をする。あるいは「経理の者から連絡があり、入金がまだのようなので確認願います」というように伝えれば、威厳を損なわずに対応することができます。

少し脇道にそれた話になりますが、私の知人に、ものすごくハッタリがうまいセミナー講師がいます。彼は100万円級の高額セミナーでも会場を満杯にさせられるほどの売れっ子なのですが、人気講師になる秘訣を聞いたところ**「お膳立てのための司会者をつけること」**だと教えてくれました。

「次はいよいよ、あの○○先生のご登場です！　皆さん盛大な拍手をお願いします！」

セミナーに登壇するとき、このように紹介してもらうためだけにアルバイト代を払って司会者をつける。そうすると「先生」としての権威性が増し、受講者の満足度も高くなるとおっしゃっていて、なるほどいいハッタリだなあと感心させられました。

12 断られれば断られるほど欲しくなる、人の心理を利用せよ

本書では「日本人はハッタリに弱い」と他人事のように述べてきましたが、その血は私自身にも確実に流れていて、普段はさまざまな場面でハッタリをかましているくせに、**いざ自分がハッタリをかまされる側になると、あっさり心を動かされてしまうことがあります。**ハッタリのカラクリを知り尽くしている私でさえ、他人のハッタリには飲み込まれてしまう。ハッタリにはそれくらい強い力があるのです。

今から数年前、営業代行会社を探していた私は、ネットでよさそうなところを5、6社見つけ、それぞれに問い合わせのメールを送りました。ほとんどの会社はその日のうちに返信があり「ご都合に合わせますので、すぐにでもミーティングをいたしましょう」とグイグイ押してくる感じでした。ところが1社だけ、翌日になってようやく返事が来たとこ

ろがありました。しかもその内容は「おかげさまで現在はほぼ枠が埋まっております。お手数ですが、御社の規模や、想定されるご依頼のボリューム、予算感などをお知らせいただけますでしょうか。条件が合う場合のみこちらからご連絡させていただきます」という、やや上から目線ともいえるものだったのです。

もちろん私は、その会社にお願いすることに決めました。暇を持て余していそうな会社より、引く手あまたの会社の方がいい仕事をしてくれるに違いないと思ったからです。

同時に、その会社のハッタリ技も盗ませてもらうことにしました。私自身も問い合わせへの返信を遅くするくらいのことはやっていましたが、その営業代行会社は一枚上手でした。なにしろ**初回のメールで、自分たちがいかに多くのクライアントを抱えているかを匂わせつつ、こちらの会社規模や予算感まで聞き出そうとした**のです。

感銘を受けた私は、すぐさまそのハッタリ技を採用しました。つまり、メールで問い合わせが来てもすぐには話を進めず、自社の売れっ子ぶりをアピールしたうえで、予算感などを簡単にヒアリングするようにしたのです。このワンクッションがあるだけで「そんなに売れているなら、ぜひこの会社に頼みたい」という心理が働くのでしょう、受注率は格段にアップしました。

仕事の依頼に即イエスと言わないハッタリは本当に効き目が高いので、あなたもぜひ試してみてください。断ったら後がないと思うかもしれませんが、実際は逆で、人というのは断られるほど執着が芽生えて「この人にぜひ頼みたい」と思うものなのです。

第4章

商品やサービスを数倍よく見せるハッタリの技術

1 錯覚力がすべて。ゴッホの絵と言われれば、良いものだと感じてしまう

私はEC関連のコンサルタント／プロデューサーとして、大小さまざまな企業に「モノを売る技術」を伝授しています。顧客の業態やジャンルは多岐にわたりますが、皆さんが共通して知りたがるのは「どういう商品が売れるのか？」ということです。

実は、その命題への答えはすでに出ています。

ECでモノを買う人は、商品の中身・内容はほとんど見ていません。これは楽天時代から現在まで大量の事例を扱い、各種のビッグデータなども分析した結果、明らかになった事実です。では代わりに**何を見ているかというと「パッケージ」と「演出」と「評価」**です。現代の消費者は、商品がどんな見た目で、どう演出され、どんな評価を受けているかを見て、購入するかどうかを決めているのです。

たとえば、ものすごく味がいいパウンドケーキがあったとしても、それが安っぽい小さなビニール袋にペロッと入れられていたら、人は「おいしそうだから買おう」とは思いません。反対に、何の変哲もないパウンドケーキでも、立派な箱に入れられて金文字で「プレミアムパウンドケーキ」などと書かれていたら、大した味でなくても「おいしそうだから買おう」ということになるのです。

このように、人は錯覚でモノを買うかどうか判断します。つまり**「売れるもの」を作りたいならば、パッケージやキャッチコピーやサイトのデザインなどを思いっきりハッタリが利いたものにして、「何だかよさそうだ」と錯覚させればいい**わけです。

それで思い出されるのが、芸術家の岡本太郎さんの言葉です。彼は著書『自分の中に毒を持て』の中で「日本人は『これがゴッホの絵です』と言われると、ろくに絵を見てもいないのに『なるほど、すばらしい絵ですね』と感心する」というようなことを書いていました。自分がその絵を見てどう感じたかではなく、社会からどう評価されているかで判断するというのは、まさに錯覚で絵を見ていることにほかなりません。

私は海外旅行の際によく美術館を訪れるのですが、海外の美術館と日本の美術館では「解説文」の量が全然違います。海外はシンプルに絵だけを展示していて、文字といえばタイトルと作品名だけか、ごく簡単な説明文が添えられている程度なのですが、日本ではその絵が描かれた背景や絵画史における立ち位置、画家の経歴や評価など、とにかく説明が多いのです。

来館者の鑑賞スタイルもかなり違います。海外、特にヨーロッパ系の人は、説明書きではなく絵をじっくりと見つめ、一緒に来館した仲間同士で感想を言い合ったりしますが、日本人はまず説明を読み、その絵の評価やバックグラウンドを頭に入れたうえで絵を見ようとします。

こうした行動からも、日本人がいかに権威やハッタリに弱いかが見えてきます。少々情けない気がしなくもないですが、日本人を相手に商売をするならば、この国民性を利用するしかありません。**パッケージや権威性といったハッタリを駆使して「よさそうだ」と錯覚させることができれば、多くの日本人は喜んでその商品を買ってくれる**ことでしょう。

2 良いものと錯覚させたいなら、相場の「2倍以上の値段」を付けよ

錯覚を生むうえでは、値段の付け方も重要なファクターとなります。

「やっぱ安くないと売れないよね」と思った方は、残念ながら不正解です。デフレが長く続いた日本では「安い方が売れる」「値段を上げたら客が離れる」と思いこんでいる方が多いのですが、安い方が売れるのは、こだわりがない日用品やどこにでもある型番商品など、ごく一部のジャンルに限られます。それ以外の分野では、安さはそこまで重要なファクターではなく、**むしろ値段が安いと売れないという現象すら起きている**のです。

たとえばギフト商品などは「安いと売れない」の筆頭といえます。ネットが発達した現代では、モノの値段は調べようと思えばいくらでも調べられます。プライベートな贈り物でもビジネス用の手土産でも、安物を贈るとすぐにばれてしまい恥をかくので、ハッタリ

を利かせて高めのモノを贈ろうという人が増えているのでしょう。

〝自分へのプレゼント〟として選ばれることが多いファッション小物も、高めの商品の方がよく売れる傾向にあります。それを裏付けるのが楽天市場のデータで、ギフト商品やファッション小物については、検索結果を「価格が高い順」にソートして調べる人がかなり多いことがわかっています。そういう人は「値段が高ければいいものだろう」と思っているわけで、**その心理を逆手にとって値段を高くしておけば、勝手に「いいものだろう」と錯覚し買ってくれる**のです。


私のクライアントでも、強気の値付けで成功した事例はいくつもあります。

たとえば、ご夫婦で経営している地方の小さな洋菓子店からコンサルの依頼をいただいたときは、1個7500円のプリンを売り出しましょうと提案しました。その店ではふつうのプリンを1個500円くらいで売っているので、いきなり15倍の値段の新商品を出したことになります。

麻布台ヒルズあたりで売るならともかく、地方にあるごくふつうの洋菓子店が7500円のプリンを売り出したところで誰が買うのかと、疑問に思われた方もいるでしょう。しかし7500円のプリンはハッタリ好きの日本人の心にバッチリ刺さり、マツコ・デラックスさんの番組など複数のメディアで取り上げられたこともあって、月1000万円弱も売れる大ヒット商品になったのです。

値付けのタイミングは、新商品を発売するときだけではありません。楽天時代に担当していた某ギフトショップは、商品の中身は一切変えずに値段だけを1・5～2倍に上げました。かなり大胆な試みでしたが、結果どうなったかというと、値上げ後も販売数はほぼ横ばいでした。値段が1・5倍になって販売数が同じということは、売上が1・5倍になったということです。商品はもちろんサイトのデザインも一切変えず、**ただ値段を変えただけで売上が1・5倍になるのですから、ハッタリの力は恐ろしい**と言うほかありません。

もちろん、商品の中身も変えられるなら変えた方が「リニューアルに伴う値上げです」という体裁をとれるぶん、よりスムーズに受け入れてもらえるでしょう。ただ、日本の企業は価格を安めに設定しすぎていることが多いので、特に何も変えずに値段だけを上げてしまっても、結果オーライになることがほとんどだと思います。

3 高く売れば売るほど「クレーム」が少なくなるカラクリ

値上げに慎重な人の意見として「ふつうの商品を高値で売ったら、買った人から詐欺だと言われてしまう」とおっしゃる方がいます。「高いからいいものだろう」と錯覚して買ったものの、実際に使ってみたら錯覚が解けて「値段のわりに大したことがない」とクレームになることを恐れているのです。

しかし実際には、**高い商品ほどクレームは少なくなります。**なぜなら人は買うときだけではなく使うときも「高いお金を出して買ったのだから、いいものに違いない」と自分に暗示をかけ、自分を納得させようとするからです。

たとえばビジネスパーソン向けのセミナーは、1日5000円で受講できるものもあれば、1週間で50万円、100万円の値段が付くものもあります。もちろん内容は全然違うけれど、100万円のセミナーは5000円のセミナーの200倍タメになるかといえば、そうでもありません。100万円でも退屈なセミナーはあるし、5000円でも有益な情報を学べるセミナーはあります。

ところがセミナー後にアンケートを取ると、**例外なく高額セミナーの方が参加者の満足度が高くなります。**なぜかというと、人は「100万円も払ったのに全然勉強にならなかった」とは思いたくないからです。たとえ内容がスカスカでも「これはこれでよかった。100万円分の価値はあった」と、自分で勝手にコストを回収しに走るのです。

モノやサービスに値段を付けるときは、この「人はこう思いたがる」という心理をふまえた値付けをしてください。たとえありきたりな商品でも堂々と高値を付ければ、消費者は勝手に「いいものだろう」と錯覚し、買うときだけではなく使った後も「いいものだった」と満足してくれることでしょう。

4 お手軽感と特別感を両立させ、業績をV字回復させた「500円」の値付けの妙

「たいていのモノやサービスは値段を2倍にしても売れる」というのが私の持論ですが、時と場合によってはリーズナブルな値段を付けざるを得ないケースもあるでしょう。

しかし、そんなときでも極力安っぽく見せず、「値段は手頃だが品質はよさそうだ」と錯覚させるハッタリ技があります。

それは**「1980円」とか「1990円」といった端数価格を付けないこと**です。

端数価格は消費者に安さを印象づける効果がある一方、「これは安物です」と自分で自分にレッテルを貼ることにもつながります。だから、多少なりともブランディングをした

い商品の場合は、1980円ではなく2000円というように、キリのいい値段を付けた方がいい。ルイ・ヴィトンも今では100円単位で値決めをしていますが、かつては1000円単位のキリのいい値段しかつけませんでした。

「安いことは安いけれど、安っぽすぎない」という絶妙な価格設定で成功したのがケンタッキーです。

ケンタッキーは1970年に日本に上陸して以来、着実に規模を拡大してきましたが、2010年頃から業績が伸び悩むようになりました。原因の1つとされるのが「ケンタッキーといえばクリスマス」のイメージで、それが転じて「ケンタッキーは特別な日に食べる、少し高い外食」という印象が根付いてしまったことでした。

そこで同社は、ケンタッキーをより気軽に、日常的に利用してもらえるよう、期間限定の「500円ランチ」や、オリジナルチキンの「1000円パック」「1500円パック」を発売。これが大いにヒットし、業績は劇的に回復したのです。

勝因はランチ５００円という絶妙な値付けです。これがもし４８０円や４９０円だったなら、よりリーズナブルな印象にはなったでしょうが、同時に「安い外食」という負のイメージもついて、安っぽさを嫌う層からはソッポを向かれていたことでしょう。ケンタッキーは**５００円というキリのいい価格を付けることで、ブランドイメージを損なうことなくお手軽感を演出することに成功した**のです。

5 1個88万円。世界中から取材依頼が殺到した「世界一高いアイスクリーム」

ECコンサルやプロカメラマン、YouTubeプロデューサー、ビジネス書の著者など、さまざまな顔を持つ私にあえて1つだけ肩書をつけるとすれば「プロデューサー」ということになるでしょう。ジャンルを問わず、ありとあらゆるモノやサービスについて、さまざまな方法を用いてその価値を高めるのが私の仕事です。

プロデューサー大原の仕事のうち、直近でもっとも成功した自社ブランドは、アイスクリームです。もちろん、ただのアイスクリームではありません。**1個88万円、ギネス世界記録にも認定された「世界一高いアイスクリーム」を発売し、日本はもとより世界中で大きな話題を集めている**のです。

この商品の着想は、仙台市のパウンドケーキ専門店が「世界一高いパウンドケーキ」を売り出したというニュースを見てひらめきました。

そのお店では、普段は1本3000円～5000円程度のパウンドケーキを売っているらしいのですが、北日本の食材を全国に広めるために、福島産ブランド桃「とろもも」を使った8万8000円のパウンドケーキを開発。それが「世界一高いパウンドケーキ」としてギネス世界記録に認定されたことで、テレビをはじめとする多くのメディアに取り上げられ、注文が殺到し、タイアップも次々と決まったそうです。

そのニュースを見た私は「これぞまさにハッタリだ」と感動しました。権威に弱い日本人にとって、**ギネス世界記録はそれだけで「すごいものだ」と錯覚させることができる、とてつもなくPR効果が高いハッタリであることに、改めて気づかされた**のです。

「私もギネス世界記録という大ハッタリをかましたい！」

そこから、ギネス世界記録取得ありきのアイスクリーム開発が始まりました。

材料は、一般の人が高級食材と聞いてまず思い浮かべる、トリュフかキャビアかフォアグラのどれかを使おうと決めていました。監修をお願いしたシェフからは「もっと別の高級食材を使って複雑な味を表現してはどうか」という提案もいただきましたが、説明しないとわからないような食材ではメディアが話題にしにくいので、世界三大珍味という超わかりやすいところに絞りました。

それで完成したのが１キロ２００万円の最高級白トリュフを使ったアイスクリーム「Ｃｅｌｌａｔｏ（セラート）」で、審査の結果、世界一高いアイスクリームとしてギネス世界記録に認定されました。

すると狙いどおり、国内外のメディアから取材依頼が殺到しました。**「200万円の白トリュフを使った世界一高いアイスクリーム」という、いかにもメディア好みのキャッチーな売り文句がうまくハマった結果といえる**でしょう。

どれくらい取材が来たかというと、ギネスが確定した約1週間後にＴＢＳ『ひるおび』で取り上げられたのを皮切りに、日テレ『ＤａｙＤａｙ』、テレ朝『ナニコレ珍百景』、ＴＢＳ『ラヴィット』『東大王』、フジテレビ『ノンストップ』と、すべてのキー局がＣｅｌｌａｔｏを紹介。さらに雑誌『ＧＩＮＺＡ』や『ホットペッパー』に『週刊女性』、Ｗｅｂメディアでは『Ｆｏｒｂｅｓ』『ＣＮＮ』『中央日報』『ＢＩＧＬＯＢＥ』『ねとらぼ』『ドバイ放送局』や海外のビジネスジャーナルなどなど、確認できているだけで**世界200以上のメディアで取り上げられました。**

反響はすさまじかったです。1個88万円のアイスクリームなんて、ふつうに考えたらそうそう売れるものではありません。少なくとも一般の人はまず買わないでしょう。しかし、世界中のメディアがこぞって「世界一高いアイスクリーム」を宣伝してくれたことでＣｅｌｌａｔｏの評判は海外のセレブにまで届き、想定をはるかに上回る注文が入りました。サッカー界の英雄ネイマールが来日の際にＣｅｌｌａｔｏを食べてくれたことも、とてもいい宣伝になりました。

Ｃｅｌｌａｔｏのニュースは、白トリュフの産地であるイタリアのアルバにまで及んでいました。数カ月前、私が新しい仕入先を開拓するためにアルバの専門店を訪れたところ、店主から身分を尋ねられたので「これこれこういう、世界一高いトリュフアイスを作っている者だ」と名乗ったら、店主は大喜び。「その話はイタリアの新聞で読んで知っている。お会いできて光栄だ。ぜひうちの娘と記念撮影をしてくれ」と、まるで超有名人のような扱いを受けました。

なお、1個88万円のアイスクリームは開発に1年を要しており、初期の開発費はそれなりにかかったものの、単純計算では1個で70万円以上の利益が出ます。

一般的な飲食店の利益率は10％前後と言われているので、70万円の利益を出そうと思ったら、700万円の売上を作らなければなりません。汗水流して働いて1食1000円の定食を7000食売って、ようやく70万円の利益が残る計算です。

ところが1個88万円のＣｅｌｌａｔｏは、その70万円を一瞬で稼いでくれる。この話だけでも、ビジネスにおいてハッタリがいかに重要であるか、おわかりいただけるのではないでしょうか。

また、Ｃｅｌｌａｔｏは1個88万円の「白夜」のほか、高級シャンパンのドン・ペリニョンを使った15万円の「春雷」、黒トリュフとチョコレートで作った3万円の「星月夜」もラインナップしています。

このように**「松・竹・梅」の3つの価格帯を用意するのも代表的なハッタリ技術**で、88万円の後に15万円、３万円の商品を見せられると、割安な気がしてつい買ってしまう。実際には一番安い3万円でもハーゲンダッツ約１００個分ですから、まったく安くはないのですが、「3万円でＣｅｌｌａｔｏを味わえるならお買い得だ」と思わせる戦略で、数としてはこの3万円の「星月夜」が一番多く売れています。

6 実はお金で買えてしまう「モンドセレクション」とおいしさの秘密

すでに述べたように、Ｃｅｌｌａｔｏは最初からギネス世界記録を取るという前提で、1年をかけて開発しました。「無事にギネスを取れたからいいようなものの、もし失敗していたらメディアに取り上げられることもなく大損だったのでは」と心配される方もおられるかもしれませんが、実は**ギネス世界記録というのは取ろうと思えばほぼ確実に取ることができる、リスクの低いチャレンジ**なのです。

公的機関か何かと勘違いされがちですが、実はギネスはごくふつうの株式会社にすぎません。いわゆる『ギネスブック』の売上や「ギネス世界記録」のロゴを使ってもらうことによるライセンスフィーで儲けているイギリスの営利団体なのです。

そのため世界記録の認定も「課金」ありきとなっています。１００万〜２００万円ほどの審査料を払えば担当がついて、どのカテゴリに挑戦すればいいかなどの相談に乗ってもらいながら、ほぼ確実に記録を取得することができます。言ってしまえば、ギネス世界記録は２００万円ほどで買うことができるのです。

このように**お金を出せば買えてしまう賞というのは、世の中にはたくさんあります。**その代表格といえるのが「モンドセレクション」でしょう。

私は中学生のとき「あいすまんじゅう」にハマり、毎日のように食べていました。きっかけはまさにこの「モンドセレクション」で、あいすまんじゅうのパッケージに「モンドセレクション金賞受賞！」と書かれていたのを見た私は「すごい賞を取っているならおいしいに違いない」と思い、買って食べるようになったのです。

しかし、当時の私は知るよしもありませんが、モンドセレクションも50万〜１００万円くらいの審査料を払ってエントリーすれば、高い確率で何かしらの賞を取れるようになっています。なぜならモンドセレクションもまたギネスと同じライセンスビジネスであり、「モンドセレクション〇〇賞受賞！」というロゴをじゃんじゃん使ってもらうために、大盤振る舞いで賞をばらまいているのです。

かたや世間のほとんどの人はそんなことはごぞんじない。だからモンドセレクション金賞受賞と聞けば、中学時代の私のようにありがたがって「それならおいしいに違いない」と錯覚してしまうのです。

なお、モンドセレクションの本部はベルギーにあり、世界中の企業をターゲットにしていますが、審査対象商品の5割は日本からのエントリーとも言われています。これもまた、日本人が権威やハッタリに弱い証といえるでしょう。

繰り返しになりますが、**ハッタリというのは自分の口から言うよりも、第三者、それも権威ある赤の他人から「この人（商品）はすごいですよ」と言ってもらうのがもっとも効果的**です。もちろん赤の他人がそんなに都合よく自社商品を宣伝してくれることはないので、他人の権威を借りたいならば、相応の代金を払う必要があります。

逆に言えば、お金さえ払えば、いくらでもヨイショしてくれる人は見つかります。序章で述べた「医師監修」や「弁護士監修」もその一種で、社長や社員がいくら「この商品はすばらしい！」と熱弁しても「自社の商品を悪く言うわけがないよね」でおしまいですが、「〇〇医師が絶賛！」と現役医師が顔写真と名前入りで登場すれば、一気に信頼性が増して「すごそうだ」と錯覚させることができるのです。

大事なのは、たとえお金で買った権威であっても、ほとんどの日本人はすんなり受け入れてくれるという事実です。そもそも大部分の人はお金で権威を買えることなど知らないし、うすうす知っている人でも「モンドセレクション金賞」の商品とそうでない商品が並んでいたら、つい金賞受賞の方を手に取ってしまうものなのです。

7 通常の10分の1の値段で「あの人」の権威を借りる裏技

ギネス世界記録を取るために200万円を払ったように、私はハッタリへの投資は惜しみません。とはいえ「お金で買える権威」は権威性が高くなるほど値段も高くなるため、もう少しリーズナブルに他人の権威を借りたいときは、主にSNSで投資先を探します。

そこで見つけたのが、ホリエモンの「プレミアム食事会」です。

ホリエモンこと堀江貴文さんはビジネスやベンチャー系に強く、周囲にはさまざまな分野の成功者が集まっていて人脈も豊富です。そんな彼に自社の商品やサービスをPRしてもらおうと思ったら、正規のルートで申し込んだら少なくとも数十万円の予算が必要になるでしょう。しかし実は、たった10万円でホリエモンの権威を使える方法があります。それこそが、ホリエモンを囲んで10人くらいの参加者と一緒に高級寿司や焼き肉を食べる「プレミアム食事会」です。この食事会では、参加者はおいしい食事をとりながら、彼のビジネス談義を聞いたり、ビジネスの相談に乗ってもらったりすることができます。月1回くらい開催されていて、参加費は1人約10万円と安くないものの、チケットは毎回即完売するほど人気のイベントとなっています。

そんなプレミアム食事会に私も参加してきました。目的は、ホリエモンに自著をプレゼントすることで、あわよくば彼が本を持っている姿を写真に撮らせてもらい、「ホリエモンさんに褒めていただきました！」といった感じで使えたら、最高にいいプロモーションになると考えたのです。

結果は期待以上で、本をプレゼントしたところ、希望どおりの写真を撮らせてもらえたばかりか、オンラインサロンやブログでも本を紹介していただくことができました。おいしいお肉を食べ、ホリエモンと話し、本のＰＲまでしていただいて10万円というのは、破格だったと思います。

8 無料でできるインフルエンサープレゼント

プレゼント作戦は、対インフルエンサーにも有効です。正式な案件として商品のPRをお願いすると、フォロワー1人につき3円くらいの報酬が発生し、トータル数十万円～100万円ほどの出費になってしまいますが、商品を無料でプレゼントするだけなら、かかる費用は商品代と送料くらいです。

プレゼントの送り方としては、まず「こちらは純粋なプレゼントですから、SNSなどで投稿していただかなくても全然かまいませんので、ぜひもらってください」という感じで商品を送ります。そして届いた数日後くらいに「お使いいただけましたでしょうか。当社の商品はこれこれこんなコンセプトで作っておりまして、よろしければご感想など投稿いただけたら嬉しいです」くらいのサラッとしたメールを送ると、だいたい2人に1人くらいは、自身のインスタやＹｏｕＴｕｂｅショートなどで、プレゼントした商品について言及してくれます。

ただし、この作戦が使えるのはギフト系など「もらって嬉しい商品」に限ります。当社の商品でいえば「世界一高いアイスクリームＣｅｌｌａｔｏ」のように、ふつうはなかなか手に入らないようなものだからこそ、プレゼントしてもらったお礼に感想を投稿しようという気になるのです。これが安い日用品だとプレゼントされても大して感動がないので、感想を求めるメールを送ったところでスルーされておしまいです。

とはいえ、**プレゼント作戦はほぼ無料でトライできるローリスクな方法なので、プレゼントできる商品を持っているならやってみて損はありません。**インフルエンサーは、ごく限られた範囲に対しては絶大な影響力を持っているので、うまくハマれば大きな反響につながります。

9 デキる人ほどSNSをこまめに更新する理由とは

他人の権威を借りるだけではなく、**自分自身の権威を高めていくうえでもSNSは必須のツール**です。SNSのフォロワー数が多い人は、それだけで「すごい人だ」と錯覚させることができるからです。

SNSのフォロワー数を増やす方法はいろいろありますが、**まず実践すべきは、こまめな更新**です。頻繁に更新すればそれだけ人の目につくようになり「ザイオンス効果」が生まれるからです。

ザイオンス効果とは、特定の人やモノに繰り返し接触することで好感度や親近感が高まっていく心理効果のことで、マーケティングの世界でも広く応用されています。

たとえばコカ・コーラのテレビCMなども、一度見ただけでは「そうだ、コカ・コーラを買おう」とはなりませんが、何度も目にするうちに親近感が高まり、のどが渇いて飲み物を買おうというときにコカ・コーラが選ばれやすくなります。また、過去に自社サイトを訪問したユーザーに対して配信されるリターゲティング広告も、表示される回数が増えるほど、クリック率やコンバージョンが上がっていく傾向にあります。

SNSも同じで、たまに見かける程度では何とも思わなくても、**毎日のように投稿を目にしていると「この人いいな」「会ったことはないけれど友達みたいな気がするな」という気持ちが芽生えていく**のです。

知り合いのWeb制作会社社長は、メルマガをほぼ毎日コツコツ書いています。「いまどきメルマガかよ」と思うかもしれませんが、毎日メールが届くたびにその人のことを思い出すことになるので、ザイオンス効果としてはかなり強烈です。彼によると実際メルマガの効果は大きく、普段は特に反応があるわけではないけれど、Web関係で何かあったときに「Web制作といえばあの人だ」と思い出してもらえるらしく、メルマガ経由での注文はコンスタントにあるそうです。

このように**コツコツとＳＮＳやメルマガを更新し、接触頻度を高めておくと、フォロワーが増えてハッタリが利くうえ、いざというときにさまざまな使い方ができるようになります。**

たとえばＦａｃｅｂｏｏｋで自社商品についてのアンケート投票をしたいと思ったとき、年に数回しか更新しない人が「投票してください」と呼び掛けても、唐突すぎてほとんど反応がないでしょうが、週１ペースでも何かしら投稿している人の呼び掛けであれば、流れでポチッと投票してくれる人は相当数に上ると思います。

10 パリにオフィスを持つという究極のハッタリ

「世界一高いアイスクリーム」の大ヒットによってハッタリの威力を再確認した私は、ハッタリビジネスの第2弾として「パリのバーチャル・オフィス事業」を始めました。

きっかけは、パリ在住の日本人経営者から「パリ市内にまったく使っていないオフィスがあるから、それを使って何か一緒にビジネスをしないか」と持ち掛けられたことです。それで思いついたのがバーチャル・オフィス、すなわち実際に入居はせずにオフィスの住所や電話番号を借りられるサービスです。**日本でも青山や六本木など、ハッタリが利くオフィス住所を月額数千円で貸すバーチャル・オフィスが人気なので、そのパリ版をやろうと考えた**のです。

オフィスの住所なんてどこでもいいと思うかもしれませんが、世間の人々は意外とそういうところをよく見ていて、**家賃が高いエリアにオフィスを構えていれば、それだけで「売れている、信頼できる会社」と錯覚してくれます。**

フリーランスになりたての人は、自宅住所をそのままオフィス所在地にする人が多いけれど、正直に「○○郡××村△△アパート」のように書いてしまうと、儲かっていないのが一発でバレてしまいます。それどころか「こんな田舎では情報にも疎くなるだろうし、仕事のクオリティも期待できそうにないな」と思われて、取れたはずの注文も取れなくなってしまいます。

会社員時代の先輩に、副業でＩＴ系の資料マッチングサービスを立ち上げた方がいました。その方も最初は自宅住所をホームページに載せていたのですが、途中からバーチャル・オフィスを利用して青山の住所に変えたところ、コンバージョンが大きく向上したと言っていました。

その**バーチャル・オフィスの究極といえるのがパリのオフィス**です。かの有名な凱旋門にエッフェル塔、ルーブル美術館にシャンゼリゼ通りと、パリには日本人のあこがれが詰まっています。そんなハイソな街にオフィスを構えているとなれば、それだけで「すごい会社だ」と錯覚させることができるでしょう。

あなたも起業や副業を考えているのならば、パリとまではいかなくても、**ハッタリの利くバーチャル・オフィスを検討してはいかがでしょうか。**人気の街にオフィスがあるのと、下町や地方にオフィスがあるのとでは、人が受ける印象はまったく違ってきます。

第5章

プライベートも「ハッタリ力」でうまくいく

1 モテるのは美男美女ではなく「ハッタリ」がうまい人

私の友人にCさんという、女性からすごくモテる人がいます。といっても彼は全然イケメンではなく、むしろ少しぽっちゃり気味で、失礼ながらルックスは中の下といったところです。学歴や収入もそこそこで、特段スゴイということはありません。その代わり**Cさんはあるハッタリ技が達人級にうまく、それだけでモテている**のです。

Cさんを見ていると、私はいつもアイドルグループの中にいる「ほぼ一般人」を連想します。旧ジャニーズでもAKBグループでも坂道シリーズでも、複数人のグループの中には歌唱力もルックスも平々凡々な、一般人レベルの人が1人か2人は必ずまじっています。ところが、冷静に考えれば一般人レベルの彼/彼女でも、そのグループの一員であるというだけで「すごい芸能人」として扱われ、それなりにファンもつく。それはまさに錯覚の力であって、求められている属性の中にいるというだけで、凡人でも「すごい人」のように見えてくるのです。

では、友人Cさんはどのような「求められている属性」の中にいるかというと、「モテる人」という属性です。見た目は平均以下で、もともとモテているわけでも何でもなかったのに、**ハッタリで「自分は女性からモテる」という演出をするようになってから、本当に女性に好かれるようになった**のです。

多くの女性は「みんなに人気がある人」を好きになる傾向があると思います。自分の好みでなくても、みんなが「あの人カッコいい」と言っていると、何となく自分も好きな気がしてくる。小学校や中学校時代の実体験を振り返っても、女子はみんなクラスの人気者を好きになっていたのではないでしょうか。

そんな女性心理をよくわかっているCさんは、常に「自分はモテる」という演出を忘れません。たとえば女性と久しぶりにデートをするときでも、正直に「久々のデートだから嬉しいな」なんてことは言わず、「ほかの女性にも誘われていたけれど、そっちは断って時間を作って君と会っているんだよ」ということをほのめかすのです。

このように、**恋愛においてはいかに自分が求められているかをサラッと伝えることが重要**であり、そうしたハッタリができない人は、そのほかの条件がよかったとしても、なかなか異性を惹きつけることはできません。

たとえば楽天時代の同期Ｄ君は、もともとボクシングをやっていたためスタイルがよく、顔もＥＸＩＬＥにいそうなワイルド系のイケメンです。そんな彼が「最近あんまりモテなくて」と嘆くので、よくよく話を聞いてみると、彼はどうも女性に対してガツガツしすぎているようなのです。

それが如実にあらわれていたのがＬＩＮＥでのやり取りです。意中の女性とのトーク履歴を見せてもらったところ、Ｄ君は毎回長文のメッセージを送り、自分がいかに相手のことが気になっているか、会いたいと思っているかを全力で訴えていました。

相手の気を引こうとしてやっているのでしょうが、**これは完全に逆効果で、自分はモテていない、女性に困っていると自分から告白しているようなもの**です。多くの女性は「モテていない人＝需要がない人」とみなすので、そんなメッセージが連日送られてきたら、芽生えかけていた恋心も冷めてしまいます。

ＳＮＳ上でもときどき女性インフルエンサーにしつこく絡んでいるおじさんを見かけます。女性が何かつぶやくたびに「○○ちゃん、今日もいい感じだね♡」といったコメントをつけて、必死で気を引こうとしている。見ていて悲しくなりますが、Ｄ君がやっていた行為もこれに近いものがあり、モテようとしてやっていることが、かえって自分をモテから遠ざけているのです。

自分はモテている、異性から需要があると錯覚させたいならば、ＬＩＮＥの返信はあくまでも淡泊に、絵文字などは使わずに1、2行で済ませましょう。そうやって**「恋愛に困っていない人」を演出するハッタリこそ、モテへの第一歩**だと心得てください。

2 友達との関係値もハッタリ力で良好になる

私は昔から友達と食事に行って割り勘にするとき、少しだけ多めに出すように心がけています。お会計が3人で1万円、1人当たり3300～3400円だとしたら「じゃあ俺が4000円出しとくから、あとは3000円ずつ頼むわ」という感じです。

本来3300～3400円のところを4000円出すくらい、大した話ではありません。数百円の負担でできる、ほんのささやかなハッタリなのですが、これだけでも周囲から「大原はがめつくないな」「気前がいいヤツだな」と思ってもらえます。**仲のいい友達同士であっても、こういう小さな信頼というのは意外と大切**です。

そしてまた、**こうしたハッタリを重ねて「信頼できるヤツ」というキャラを確立してお**

くと、何かのときに「いい話」が回ってくるようになります。たとえば一緒にビジネスをやろうとか、合コンの話があってメンバーを探しているとかいうときに、真っ先に声をかけられるようになるのです。

逆のパターンで考えると、よりイメージしやすいかもしれません。大人数での飲み会のとき、本当は1人3500円なのに4000円だとサバを読んで集金し、差額を自分の懐に入れてしまうような人がたまにいます。本人はバレないと思っているのでしょうが、そういうズルはすぐ気づかれるもので、「あいつは金に汚い」「信用できない」というイメージがつくと、もう誰からも誘われません。もちろんビジネスパートナーや合コンの精鋭メンバーに選ばれるはずもないのです。

3 貧乏でもハッタリをかませ。お金は使った分だけ入ってくる

お金の使い方というのは、その人のハッタリ力がもっとも試されるところです。前澤友作さんはよく「お金は使えば使うほど増える」ということをおっしゃっていますが、私もまったくその通りだと感じています。

貧乏学生だった頃は、割り勘で3500円のところ4000円払うのは大変なことでしたが、それでお金に困った記憶はありません。人より500円多く払った後は、不思議とそれ以上の収入がある。**「金は天下の回り物」というように、ハッタリでもいいからお金をしっかり使っている人のところには、お金がどんどん回ってくるようになっている**のです。

だから私は、独立したばかりでお金がないときでもバンバンお金を使いました。海外に行って見聞を広めたり、友達が飲食店を開業したと聞けばお祝いに駆けつけて高価なシャンパンを開けたりと、ちょっと無理をしてでもお金を使いました。**そういうお金の使い方は無駄にはならず、むしろ何倍にもなって返ってくることを感覚的に知っていたから**です。

もし私が「今はお金がないから節約しよう」と考え、最低限のお金しか使っていなかったら、間違いなく今の成功はなかったでしょう。節約一辺倒ではハッタリが利かないだけではなく、お金の回りも悪くなって、今ごろは会社を畳んでいたかもしれません。

現代は、その人がどんなお金の使い方をしているかがＳＮＳで可視化される時代です。その人がしっかりお金を使っているか、ケチケチした使い方をしているかは、投稿を見ていれば何となくわかります。いいお金の使い方をしていれば「成功しているすごい人」と思われていい話が舞い込みますが、しみったれた話ばかりしていたら「お金がない＝成功していない＝実力がない」とみなされ、信用も低下してしまいます。

少し前の日本なら、金満ぶりをアピールする人や、お金を使いまくる人は叩かれるような風潮がありましたが、ここ数年で風向きは大きく変わりました。ヒカキンさんの20億円豪邸がウケているように、**たくさん稼いでたくさん使うことが肯定される時代になってきました。**これはとてもすばらしく、ハッタリ屋にとって追い風となる変化だと思います。

4 言うべきことを言わないとき、あなたの価値は下がる

「人の価値というのは、何か言ってはいけないことを言ってしまったときではなく、言うべきことを言わないときに下がるものだ」

これは私が尊敬する営業マンがSNSでつぶやいていた言葉で、とても共感を覚えたので紹介させていただきました。

日本では、その場の空気を読んで発言を控える人が多くいますが、それで当人の価値が上がるかといえば、そんなことはありません。**少なくともビジネスの世界では、沈黙は明らかなマイナス**です。

「黙っていれば失言がないのだから、少なくともマイナスにはならないはずだ」と思うかもしれませんが、その認識は間違っています。なぜなら先に紹介した営業マンの言葉のとおり、言うべきことを言わないと、人の価値は下がってしまうからです。逆に、**みんなが言いたいことを言わない日本だからこそ、人が言いにくいことをズバッと言えば「コイツはすごい」と、大きな加点につながる**のです。

「言いにくいこと」というのは、たとえばお金の話です。営業マンにとって金額の交渉は日常的な仕事ですが、自社商品をものすごく値上げするときや、相手の条件を悪くするときなどは、なかなか切り出しにくいこともあるでしょう。でも、そんな大事な話を後回しにしていたら、結局は自分も相手も困ることになり「あいつはダメだ」という評価になってしまいます。

あるいは、毎回のように10分くらい遅刻してくるクライアントがいたとします。やめてほしいと思っても、多くの人は「相手はクライアントだし、波風立てるのは得策ではない」と考え、沈黙を貫くのではないでしょうか。しかし、何も言わなければ相手の遅刻癖が改善されないばかりか、「コイツは待たせても文句を言わないから大丈夫」と思われて、この先もずっと10分間待たされ続け、大事な時間を浪費させられることになります。

私なら、たとえ相手が大事なクライアントでも、遅刻が2回以上続くようなら「お互いの時間ですから大事にしたいですね」という感じで軽く注意します。これくらいの言い方なら相手が気を悪くする可能性は非常に低いし、むしろ「この人に失礼なことはできないな」と思われて、以後は遅刻に気をつけてもらえます。**人から一目置かれるというのは、そういうこと**なのだと思います。

クライアントや目上の人には注意しにくいという人は、**言ってあげた方が相手のためになる**と考えてみてください。

楽天の三木谷さんは時間に厳しい人で、出張先のホテルで集合時間に遅れてきた役員に、その場でクビを言い渡したことがあるそうです。遅刻癖があるクライアントも、いつそんな地雷を踏むかわかりません。遅刻が無礼であることをきちんと指摘してあげることは、相手にとってもすごくいいことなのです。

そういえば、つい先日こんなことがありました。深夜1時くらいに新宿の富士そばでおそばを食べていたら、ちょっとガタイのいいコワモテのおじさんが入ってきて「トッピングはどこにあるんだ！」などと言って、店員さんに怒鳴りだしました。それがあんまりしつこくてうるさかったので、私が自分の席から大声で「こらっ！」と叫んだら、おじさんはびっくりした顔で5秒くらい固まった後、困ったような笑顔を浮かべて「すみませんね」と謝ったのです。

深夜の新宿で怖そうなおじさんが店員に絡んでいるなんて、ふつうなら「嫌だな」と思いながらも、なるべく目を合わせないようにしてスルーするシチュエーションでしょう。でも意外とそういう場面でも、言うべきことを言えば何とかなるもので、**これもある種のハッタリの力**だと思い、余談としてご紹介させていただきました。

5 根拠のない自信を持つことがすべて

私は幼少期から無意識にハッタリを使える子供で、ときに小生意気な口をききながらも、口に出したハッタリはしっかりと現実にしてきました。なぜそんなことができたかというと、**一番の理由は自己肯定感がとても高かったから**だと思います。

私は両親からいつも「お前は大丈夫」と言われて育ちました。何かやりたいと言って反対された覚えはほとんどなく、たとえ無謀な挑戦でも、両親は「お前は何でもできるから大丈夫だよ」と言って応援してくれました。そうして養われた「根拠のない自信」が、臆せずハッタリをかまし、不可能を現実にする原動力になったのです。

根拠のない自信は、子供時代の遊びからも育まれました。私が通っていた保育園は「子供は自由に遊ばせるのが一番」というコンセプトで、朝7時に登園してから夕方のお迎えの時間まで、ひたすら自由に遊ばせてくれました。だからその保育園の子供たちは遊びがすごく上手で、砂場でお城や水路を作ったり、園庭の隅に秘密基地を作ったり、自作の泥団子や木の鉄砲でごっこ遊びをしたりと、自分たちの頭でいろいろと工夫しながら好きなように遊んでいました。今の私が「世界一高いアイスクリーム」やら「パリのバーチャル・オフィス」やら、思いついたアイディアをどんどん形にしているのも、保育園時代の遊びの延長のようなところがあると思います。

直接教わったことはありませんが、花まる学習会という有名な学習塾が運営している幼児教室でも、子供に読み書きや計算を教えて勉強ができるようにすることではなく、根拠のない自信を持たせることを最重視しているといいます。

もちろん**自己肯定感は、子供時代にだけ育まれるものではなく、大人になってからでも、社会に出てからでも、後付けでしっかり身につく能力**です。私は自分が親に言われたように、部下に対しても「○○さんなら大丈夫だよ」と常に伝えるよう意識しています。

この声かけの効果はてきめんで、「○○さんなら大丈夫」と言われ続けるうちに根拠のない自信が育まれ、ハッタリもうまくなっていく人を何人も見てきました。

ＧｏｏｇｌｅやＣｈａｔ　ＧＰＴが何でも答えを提示してくれる現代において、**根拠のない自信は何物にも代えがたい、その人自身の強みになります。**なぜなら、根拠のない自信がある人ほどさまざまなことにチャレンジし、ハッタリと辻褄合わせを通して不可能を現実にしていくことができるからです。

6 ハッタリをかまして30余年、失敗は一度もない

ハッタリの重要性を認識しながらも、自分でハッタリをかますことに消極的な人は、「ハッタリを現実にできなかったら〝口だけのヤツ〟と思われてしまう」とか「ハッタリなんてすぐにバレる」などと考えているのではないでしょうか。しかし、よく「心配事の9割は起こらない」と言われるように、**ハッタリをかましたことで後ろ指をさされるなんてことは、まず起こりません。**

幼少期からハッタリの力を借りまくってきた私ですら、ハッタリで失敗した記憶はまったくないのです。周囲の人は「そんなに自信満々に断言して大丈夫なのか？」とハラハラしていたかもしれませんが、人間というのは、大風呂敷を広げたら広げた分だけ必死で辻褄合わせをするもので、ハッタリはいつだって現実になってきました。万が一、辻褄合わ

せが間に合わなくて失敗したとしても、それ以前のハッタリがちゃんと現実になっていれば「今回はたまたま間に合わなかっただけ」と大目に見てもらえます。

「ハッタリなんてすぐバレるのでは？」という懸念に対しては「バレるけど、バレても大丈夫！」と申し上げたいと思います。なぜなら**ハッタリをかませるということは、社会人としてはマイナスではなくプラスの能力だから**です。

この本を出版することになったきっかけも、親しい出版関係者から言われた「大原さんって結局ハッタリだよね」という一言でした。次はどんな本を出そうかと相談していたとき、私の強みとして「ハッタリ」というキーワードを見つけ出してくれたのです。

そう、私がハッタリで仕事をしていることは、付き合いの長い人ならみんな知っているし、クライアントだって薄々感じているかもしれません。でも、それがマイナスになっているかといえば、そんなことはありません。「大原はたしかにハッタリ屋だけれども、かましたハッタリはちゃんと回収して現実にできるヤツだ」と、みんなわかってくれているからです。

ハッタリには、もともと持っている力を何倍にも増幅させる力があります。似たような商品でもハッタリが利いているモノの方がはるかに高く売れるし、顧客満足度も高まります。その究極が「世界一高いアイスクリーム」で、ハッタリ力が一切ない定食屋が1カ月必死に働いて稼ぐ70万円の利益を、このアイスはたった1個でやすやすとクリアしてしまうのです。

人間も同じで、**ハッタリができる人とできない人、社会でどちらが高く評価されるかといえば、ハッタリができる人**です。「ハッタリ屋であることがバレたら恥ずかしい」どころか、自分はハッタリ屋であるということをアピールした方が、社内外での評価は高まるのです。

だからあなたも安心して、今日からハッタリ人生を始めてください。それだけで実力も評価も、後から勝手についてきます。

おわりに

本書『ハッタリの作法』を最後までお読みいただき、ありがとうございました。

振り返ると私の人生は、ハッタリを言ってしまい、それを実現していく人生でした。


こんなエピソードがあります。

中学2年生も終わりかけの頃に、私はその地域でもっとも偏差値の高い「川越高校」へ行くと周囲に宣言しました。カッコをつけたい、ハッタリでも強がりたい、私の中にはそんな思いもあったと思います。

ところが、当時の私の偏差値は40台、その高校の偏差値は60台後半と、学力的にはかなり厳しい状況でした。しかし、宣言してしまった以上、引くに引けない私は頑張るしかありません。3年生に上がってからは塾に通い、毎日必死で勉強に励みました。

すると、半年間で偏差値は60台までアップ。そこからさらに最後の追い込みをかけ、受験時には60台後半にまでアップし、見事に合格することができました。

もう1つエピソードを紹介します。

私が新卒で入った楽天という会社で、最初に上司に言われた言葉があります。それは「口だけのヤツは二流、だけど口にすら出せないヤツは三流」という言葉です。

これは新入社員だった私の心に深く刺さり、それ以降、仕事の目標やクライアントへの目標提案などは、必ず事前に宣言するようになりました。その効果は、本書で述べた通りです。

「ハッタリでもいいから口に出して宣言してしまう」。私はこれまでの自分の人生において、言葉にすることの威力というものを、身をもって痛感したのです。

では、なぜ先に口に出すことが力を持つのでしょうか。

太古の古典とも言える旧約聖書の創世記を見てみると、「初めに言葉があった」と書かれています。これはとても興味深い一節ではないでしょうか。この世の中はすべて言葉によって成り立っていて、言葉によって実現していく。先人たちもその本質を理解していたのかもしれません。

人間は、自分の言葉を自分が一番よく聞いている生き物です。自分の口から出た言葉はそのまま一番近くの自分の耳に入ってきます。そして人間の脳自体は、主語を判別していないといいます。たとえば誰かに「バカ」と言えば、自分が「バカ」と言われていると脳は判断する。逆に誰かに「あなたは必ず成功します」と言えば、自分がそう言われていると脳は錯覚するそうです。

したがって、自分から出ていく言葉を前向きなものにすること、未来が実現していく方向に置き換えていくこと、これが重要なのです。

自分にも周りにもそういった類の言葉をかけることで、耳から、脳から、その言葉の実現に向けてセルフ洗脳のような状態になる。これが、宣言することが力を持つ理由なのではないでしょうか。

ハッタリと聞くと「人をだまして自分を大きく見せること」といったイメージを抱きがちですが、それはまったく違います。ハッタリは、自分で見えない世界を描き、それを実現していくための最初の一歩なのです。

ですが、昨今の日本は、自分の主張を口に出すことがはばかられる状況です。たとえば、少しでもCMが炎上すれば即座に放送を停止する。少しでも商品のクレームが入れば謝罪をする。そうすると、表現はどんどん委縮し、何も口に出さない、何も問題を起こさないことが正義になってしまう。そういった状況では、日本の経済や活力は衰退していくばかりです。

本書をお読みいただいた皆さんには、この状況をまずは自分から打開してみてほしいと思います。目標を宣言する。ハッタリでも表現する。自分はできると自分に言い聞かせる。そうすることで、人生は前向きに走り出していくと私は確信しています。

そして、『ハッタリの作法』で自分や商品を最高値で売る技術を身につけることで、より多くの機会をつかみ、成功への道を切り開いていってください。本書がその一助となれば、著者としてこれ以上の喜びはありません。皆さんのご成功を心よりお祈り申し上げます。

最後に、執筆のきっかけをいただいた出版プロデューサーの松尾昭仁さん、編集サポートをいただいた武政由布子さん、何よりぱる出版の岩川実加さんに感謝申し上げます。

また、今回の出版に伴う印税収入は、これから新しく起業やビジネスにチャレンジする若者や、社会的に意義のあるスタートアップ企業に、全額サポートとして寄付させていただきます。

自信を失いかけている日本のビジネスが、より強くより成長していくことを願って。

大原昌人

２０２４年６月25日

大原昌人（おおはら・まさと）
元「楽天市場」プロデューサー／株式会社ダニエルズアーク代表取締役

慶應義塾大学環境情報学部卒業。楽天市場全体のビジュアルを統括するWebプロデューサー・ディレクターとして、数々のヒット企画に参画する。2016年4月、熊本地震発生直後に4万4000人を巻き込む一大プロジェクト「買って応援企画」を達成し、同年「楽天市場MVP賞」を受賞。2017年からは、国内最大級の流通額を誇る「楽天スーパーSALE」の総合プロデューサーに当時最年少で就任。4万8000店舗の統括を行いながら、流通総額600億円強の売上最高記録を生み出した。

2018年、株式会社ダニエルズアークを設立し、代表に就任。コカ・コーラ、サムスン、花王など、大企業からの引き合いが絶えず、YouTube・TikTokプロデュース事業では、コンサルティング実績200チャンネル以上。累計391万チャンネル登録を超えるYouTube・TikTokチャンネルのプロデュースに関わっている。

2023年にリリースした高級アイスクリーム自社ブランド「Cellato」では「世界で最も高額なアイスクリーム」としてギネス世界記録を取得し、世界中のテレビ・新聞・ラジオ等で反響を呼んでいる。

著書に『4000万人の購買データからわかった！ 売れない時代にすぐ売る技術』（サンマーク出版）『すべての仕事を2分の1の時間で終わらせる ガチ速仕事術』（ぱる出版）『これからの集客はYouTubeが9割』（青春出版社）など多数。

ハッタリの作法《さほう》
自分《じぶん》を最高値《さいたかね》で売《う》る「見《み》せ方《かた》」と「辻褄合《つじつまあ》わせ」の技術《ぎじゅつ》

2024年10月2日　初版発行
2025年2月25日　4刷発行

著者　大原昌人
発行者　和田智明
発行所　株式会社ぱる出版

〒160-0011　東京都新宿区若葉1-9-16
03(3353)2835―代表　03(3353)2826―FAX
印刷・製本　中央精版印刷(株)
本書籍に関するお問い合わせ、ご連絡は以下にて承ります。
https://www.pal-pub.jp/contact

ISBN978-4-8272-1473-4　C0034